運命が変わる 未来を変える

ツキを呼びこむ3つの力

五日市 剛
矢山利彦

サンマーク文庫

「ツキを呼ぶ魔法の言葉」を初めて聞く読者へ

この本は、「ツキを呼ぶ魔法の言葉」の検証を通して、「想い」「言葉」「行動」がいかに私たちの幸せに影響しているかを解説しています。

「ツキを呼ぶ魔法の言葉」とは、著者の五日市さんが失意のどん底にあった二六歳のときに、イスラエルで出会ったおばあさんから教えてもらった言葉です。

当時、五日市さんは理工系の大学院生だったのですが、中東問題に興味があったのと、人間関係に疲れていたこともあって、一か月間の予定でイスラエルに旅立ちました。ちょうど湾岸戦争があった一九九一年の一二月のことです。

ところが、イスラエルに到着するやお金の半分を空港のトイレで紛失してしまい、さらに詐欺師にだまされてお金のほとんどを失ってしまいます。

悪いことは重なるもので、イスラエルは数十年ぶりのドカ雪で大寒波。軽装だった五日市さんはまさに泣きっ面にハチ。あげくの果てにホテルは閉まっていて泊まるところもない。大きなリュックを背負い、寒い夜道をトボトボ歩いていると、ユダヤ人のおばあさんに呼び止められて一泊の宿をすすめられます。

初めて会ったおばあさんの申し出に、最初はちゅうちょした五日市さん。勇気を振り絞っておばあさんの家に行き、泊めてもらうことにしました。

疲れ果てている五日市さんにおばあさんはスープをふるまったあと、「ツキを呼ぶ魔法の言葉」を教えてくれたのです。その言葉とは、「ありがとう」と「感謝します」。おばあさんはこの二つの言葉について話しはじめます。

最初、いやに道徳的な話だなといぶかっていた五日市さんに、おばあさんは特別な使い方についても教えてくれました。

1. まず、嫌なことがあったら「ありがとう」と言うこと。

2. 逆にいいことがあったら「感謝します」と言うこと。

もちろん「ありがとう」と「感謝します」はどんなときに言ってもいい言葉ですが、このように使い分けるととても効果的だとそのおばあさんは言いました。

「ありがとう」を口にする際のポイントは、つらいときやピンチのときに「すぐに」言うこと。時間が経てば経つほど「魔法」の効果がなくなってしまいます。すぐに「ありがとう」と言えると、不思議なことに、それ以上悪い気分にはなりません。そして、不幸の連鎖を断ち切ることができます。さらには、やがていいことが起こりはじめます。

「感謝します」は嬉しいとき、楽しいときに素直に言うと、またそう言いたくなるようなステキな出来事が起こりやすくなります。

この「感謝します」は、もう一つ使い方があります。こうなりたいという願いがあるとき、「〇〇になりました、感謝します」と言って努力するのです。心でしっかり確信すればするほど、言ったとおりになりやすくなるとおばあさんは言いました。「感謝します」と言いにくければ、「ありがとうございます」と言ってもかまいません。

五日市さんはこれらに加えて、「ツイてる」といつも前向きに言いつづけて、マイナスの言葉を使わなくなったところ、本人を取り巻く状況が一変しました。あらゆることが好転し、学業も、仕事も、恋愛も、金運も人間関係もツキっぱなしになったと言います。

はじめに

先日、あるゴルフ関係の雑誌の取材を受けました。きっかけは、プロゴルファーの古市忠夫さんのエピソードです。

阪神・淡路大震災で店や家を焼かれ、目の前で多くの人が亡くなっていくという極限の状態を古市さんは経験されました。その後、生きていることに感謝、ゴルフができることに感謝と、「感謝の心」を持つことによって、なんと還暦を前にしてプロテストに合格されました。それまで商店街のカメラ店のおじさんでしかなかったサンデーゴルファーが、練習もままならない状態でプロテストに合格するというのは奇跡です。

私へのインタビューの趣旨は、「感謝の心を持つと、人はどのように変わるのか」「試合の好成績と感謝の心を持つことは関係があるのか」ということとでした。

さて、私はどう答えたと思いますか？

女子プロゴルファーの西塚美希世さんもプロになって一二年間、勝ち星に恵まれませんでした。西塚さんはたまたま空港で買って読んだ本がきっかけで、否定的な言葉を口にせず、ピンチのたびに「ありがとう」を言いつづけることにしました。その結果、その後の開幕戦でツアー初優勝。つづいて夏の大会でも優勝と、あっという間に二勝をあげました。この一二年間、一勝もできなかった彼女がです。

これは本当にすごいなと感動しました。でも、決して偶然ではないと思います。

さて、どうしてそのようなことが起こったのでしょうか？

本書には医師であり気功の研究家でもある矢山利彦先生のお話が盛りだくさんですが、そのなかに大きなヒントがあります。

たとえば、「人は、感謝の気持ちを持つと『気』が出やすくなる。その結果、脳波が安定し、リラックスした状態になる。さらに呼吸が深くなり、力が出やすくなる」という検証結果について述べられています。

西塚さんは「ボギーを打っても『ありがとう』という気持ちで臨んだら、リラックスできました」と言っており、まさに感謝の状態こそが、集中力を高め、力を無理なく発揮させることができるのだということがわかりました。「感謝の心」を持ち、そしてそれを持続するために役立つのが、魔法の言葉です。つらいときやピンチのときにすぐに「ありがとう」と言うことで、落ち込んだ心を感謝の状態に近づけるきっかけをつくります。

本書では、「想い」「言葉」「行動」のつながりを意識して、魔法の言葉がいかに「からだ」や「健康」に影響を及ぼすか、さらには「人生の流れにも大きく作用するか」を矢山先生と長時間話し合い、わかりやすく分析してみました。

そのなかで、おもしろく、ためになる話がぞくぞくと出てきました。みなさまの運命がどんどん好転し、未来を変えてしまう、そんなインパクトのある実践的なお話が本書にちりばめられています。

どうかご期待ください。

平成一九年

五日市剛

運命が変わる　未来を変える　もくじ

PART1
「想い」と「言葉」と「行動」の関係を解き明かす――五日市 剛

確信することがとても大事です

PART2

感謝の心こそ「気」のエネルギー――矢山利彦

PART3

私がもっとも大事にしているおばあさんのホントの教え――五日市 剛

運のいい人 悪い人はどこがちがう?

PART4
必要なのは「理論的な納得」「感覚的な体得」「繰り返しの訓練」です——矢山利彦

「魔法の言葉」を検証する

本文写真……外川 孝
本文イラスト……八木美枝
編集協力……株式会社ぷれす

PART1

「想い」と「言葉」と「行動」の関係を解き明かす——五日市 剛

確信することがとても大事です

これを奇跡だと思いますか?

ある会社が主催する講演会に招かれ、三五〇人ほどの若い男女の前で講演をしたときの出来事です。私はつぎのようなことを繰り返し言い、強調しました。

「みなさんになにか願いごとがあるとき、それを想って、しゃべって、具体的な行動をとれば、言ったとおりになる可能性は高まります。ただその可能性をドーンと引き上げるには、『想い』としゃべる『言葉』をできるだけ一致させることです」

私の話が終わってすぐ抽選会に移りました。抽選会の目玉は大型のプラズマテレビ。四〇万〜五〇万円はゆうにするシロモノ。

するど、私のそばに座っていたお嬢さんが景品を見ながら、「キャー」と叫んで私のところに駆け寄ってきたのです。

「五日市さん、握手してください！」

「ハイ、いいですよ」

すると彼女は私と握手しながら、「プラズマテレビが当たりました！　感謝します！」と大きな声で叫ぶのです。

あまりにも大きな声だったので会場中に響きわたり、大爆笑の渦。ということは、三五〇人の出席者全員が彼女の言葉を聞いたことになります。みな承認者です。

彼女はそう言ったあと、不安そうな顔をして、

「五日市さん、大丈夫ですよね？」

なんて言ってきました。大丈夫じゃない、なんて言えるわけないでしょ(笑)。そこで私は彼女の目を見てニッコリ笑って、

「大丈夫！」

と答えました。その瞬間、彼女はそれまでの不安そうな表情を一変させて、

「ありがとうございました」。

明るくスキップしながら席に戻りました。彼女が席に戻ってからすぐに当選者の発表です。すると一瞬会場が静まり返ったあと、大きなどよめきが起きたのです。それもそのはずで、プラズマテレビを射止めたのが彼女だったからです。

飛び上がらんばかりに喜んでいる彼女よりびっくりしたのは私です。厳正な抽選会。それも三五〇人の承認者がいる前で、彼女は「想い」「言葉」「行動」をみごとに一体化させて願いを実現したのですから。

どうして願いは口にすると叶いやすくなるのか

彼女は最初、「行動」と「言葉」はすぐに出たのです。それは、私に駆け寄り「プラズマテレビが当たりました！　感謝します！」と言ったことからもわかります。

でも「想い」はともなっていなかった。だから「五日市さん、大丈夫ですよね？」と私の顔色をうかがったのです。

私自身はそんな立派な人間ではありませんが、彼女は三時間も私の話を聴いたすぐあとなので崇高なイメージを抱いたのかもしれません。そして「あの五日市さんが大丈夫と言ってくれた。もう一〇〇パーセント大丈夫。もう絶対に大丈夫！」と確信したのでしょう。

だれにでも心から尊敬できる人が一人や二人いると思います。もし、その人が太鼓判を押してくれたら、もう大丈夫！　と心底安心するはずです。彼女は私のひとことで「想い」を確信の域に導くことができたのだと思います。

イスラエルのおばあさんが教えてくれた「感謝します」の二つ目の用法を私なりに表現しますと、「想って」、口から「言葉」を発して、その言葉に見合った「行動」がともなえば、言ったことが現実となる可能性はグンと高まるということです。

もちろん言ったとおりにならないこともあるでしょう。でもその可能性は間違いなく高まっていると思います。

その可能性を引き上げるポイントは、「想い」を「しゃべった言葉」のレベルにできるだけ近づけることです。心のなかの不安・心配を消し去り、確信ある想いがそのまま言葉になると、「確信ある言葉」となり、それにともなう行動が実りある結果をもたらしやすくなります。

例の彼女は、言葉で「当たりました、感謝します」と言うものの、最初は心に不安や心配がありました。もし、私が「当たるかどうかわからないよ」とか、「さあ、どうかねぇ～」なんて彼女に言ったら、彼女の「想い」を当たると言い切った言葉の域まで引き上げるのは難しかったかもしれません。

彼女の想いを確信の域に導いた私の必殺技が「大丈夫」という言葉ですが、それはさらに、（1）彼女の目を見て、（2）ニコッと笑って、（3）握手しての三要素によってより効果を高めたと思います。

自分に対しても相手に対してもプラス言葉は大切ですが、相手に安心感を与えるためには、「視線」、「笑顔」、そしてときには「スキンシップ」が大切な補助手段となります。

ところで、聖書の一節に、次の言葉をたまたま発見しました。聖書にこんなことが書いてあるなんてびっくりです。

〈マルコによる福音書　一一章二三節〉

そこで、イエスは言われた。

「神を信じなさい。はっきり言っておく。だれでもこの山に向かい、『立ち上がって、海に飛び込め』と言い、少しも疑わず、自分の言うとおりになると信じるならば、そのとおりになる。だから、言っておく。祈り求めるものはすべてすでに得られたと信じなさい。そうすれば、そのとおりになる」

イエスの「少しも疑わず、自分の言うとおりになると信じるならば、そのとおりになる」と「祈り求めるものはすべてすでに得られたと信じなさい。そうすれば、そのとおりになる」という言葉は、イスラエルのおばあさんが言っていることとリンクするような気がします。

「言葉」の力を忘れてはいけない

口に出す「言葉」って本当に大切です。きっと魂が宿っていると思います。なにかあったときに、つい意地を張って心とは反対の言葉を口にしてしまい、状況が悪い方向に向かった経験ってあると思います。ついうっかりとか、変な口ぐせが出ちゃったとか。意に反することを言ってしまって失敗したことってだれでもあると思います。運命の分かれ目が「ひとこと」にあった、なんてことは何度も私は経験しています。

相手への言葉の影響を考えると、世間一般に尊敬されやすい職業の方々、たとえばお医者さんや学校の先生、企業のトップの方々などには特に「言葉」を大事にしてほしいですね。つまり、言葉のすばらしさと恐ろしさをもっとよく知ってほしいと思います。

ある病気になったとして、病院で手術したら治りやすい病状であっても、医者が「いや〜、半々の確率ですかね」と言ったり、ミスを犯したときの自分の立場ばかり考えて、簡単な手術でも「う〜む。成功の確率は低いですが、最善を尽くしましょう」なんて言ったら、患者側はたまったものではありません。気がめいってしまい、治る病気も治らなくなってしまいます。

不安や心配の「想い」がたとえ無意識でも口に出ると（そして不安とともに行動を起こすと）望まないことが起こりやすくなるのです。

先ほど、「想って、口から言葉を発して、行動がともなえば、言ったことが現実となる可能性はグンと高まる」と表現しましたが、これはいいことだけでなく、悪いこともそうなるわけです。

学校の先生にも同じようなことが言えますね。

生徒に対する言葉遣いがひどい先生がいます。子供は大人のクセをよく見ており、特に言葉のマネはよくします。子供というのは、悪い言葉をしゃべっていると悪いことをする傾向があるようです。

ですから、子供たちにいい言葉を使わせるためにも先生自身がよりいい言葉を使い、どうしていい言葉を使わなくてはいけないか、子供たちにしっかり伝えていく必要があります。そして、いじめに関わっている生徒にどのような言葉をかけてやればいいのか、親も含めてもっと真剣に考えていただきたいですね。

医者が、先生が、社長が、言葉の持つすばらしさと恐ろしさを十分知り、いい言葉、特に感謝の言葉をどんどん使ってくれれば、しかも、それらの言葉を効果的に伝えるために、温かい視線と笑顔とスキンシップをうまく活用してくれるなら、患者も、生徒も、社員も希望を持って元気に生きていけると思うのです。

我々一人ひとり、親として大人として、まずは身近な人や子供たちにニコッと笑って優しい言葉をかけていきましょうね。

「想い」の実現度はイメージ力に比例する

知人の結婚式がありまして主賓として招待されました。結婚式場は新潟でしたから、愛知県に住んでいる私は名古屋空港から新潟空港に向かって飛び立ちました。

ここまでは順調でして、鼻歌まじりのルンルン気分。ところが、新潟空港に近づくと突然、つぎのような機内アナウンスがありました。

「乗客のみなさま。ただいま新潟空港上空におきましてひどい雷雨が発生し、着陸できない恐れが出てきました。状況次第ではUターンして名古屋空港に引きかえすことになるかもしれませんが、あらかじめ、ご了承ください」

えー、冗談じゃないよ。引きかえしたら結婚式に出席できなくなるじゃないか。おれ主賓なんだよな。

困り果てていると、あっ、そうだ！　イスラエルのおばあさんから教えてもらったアレをやればいいんだと思ったのです。

「新潟空港に着きました！　感謝します！」

言葉はスッと出てくるのですが、心のなかでは、「でもダメだろうな」と、あきらめモードです。無事着陸できたイメージがなかなかできません。

そこで、まずは一〇回言ってみることにしたのです。あまり大きな声を出すとまわりの乗客に「あいつバカじゃないか」と思われますから小さい声で繰り返しました。その数秒間は一切の雑念を払って、言葉に心を込めました。

「新潟空港に無事着きました！　感謝します！」

一〇回に近づけば近づくほど、少しずつ頭にイメージがわいてきました。無事着陸できて喜んでいるイメージです。その喜びがしゃべる言葉にスーッと入りこみ、しゃべる回数が増えるたびに、よりリアルなイメージができてきます。その結果、やっぱり無理だろうなという最初の「想い」が、着陸できました、感謝！という「言葉」の域にグングン引き上げられたのではと思います。

その結果、どうなったと思いますか？

はい、なんとか無事に新潟空港に着陸できました。心のなかでバンザ〜イ！と大喜びしました。飛行機を降りる際、客室乗務員の女性に聞きましたら、「正直、名古屋へ戻ることになると思っていました。このようなこともあるんですね」とおっしゃっていました。

先ほどのプラズマテレビが当たった女性と私に共通しているのは、望んでいた「想い」を明確にイメージすることができ、しっかりと確信できたから、しゃべったことが具現化できたという点です。

願いが叶う。この「叶」という漢字が示すように、言葉を「口」で「十」回またはそれ以上言っていると、どうやら叶いやすくなるようです。

同じ言葉を繰り返すことでそれが実現したイメージがしやすくなり、だんだんとイメージがはっきり思い浮かぶようになります。すると、喜びがわき出て、しゃべる言葉に想いがどんどん加わってきます。言葉─想い─言葉─想いと、相互に影響し合い、より心のこもった言葉を発することができるようになります。そして、言葉の域に想いを引き上げるのです。

「叶」という漢字をあらためてよく見ると、「プラス」のことだけを「口」にしていると「叶」いやすくなることを示唆しています。しかし、ひとことでも「マイナス」の言葉を発すると「吐」となり、叶うどころか、ただ願いごとを言っているだけ（吐いているだけ）……となります。

そうならないためにも、マイナスの想念や言葉には気をつけたいものです。漢字って、うまくできていますね。

繰り返し口にすると近づける「神様の精神状態」

私の知人に、ある会社の社長さんがいます。その方は敬虔《けいけん》なクリスチャンなんですが、あるとき、

「神様の精神状態ってどんなものか知っていますか？」

と言ってきました。

「え？　神様にも精神状態ってあるんですか？」

と怪訝《けげん》な顔でお聞きすると、大きくうなずいて、

「あるんです！」

だれからも尊敬されているその社長さんが自信たっぷりに力説するものですから、妙に納得させせられたことがあります。その社長は、『神様の精神状態』についてこう説明するのです。

「とにかく、はんぱじゃない感動、感激。それが『神様の精神状態』……たとえば、スポーツの試合をしていて、勝てそうもない相手に接戦で勝ったとき、すごく嬉しいでしょ。絶対に無理と言われた学校の入試に合格したときなんか、最高に嬉しいでしょ。会社を経営して大きな困難を乗り越えたあとの達成感。まぁ、そんな大きなことでないにしても、人の助けになって、心から『ありがとうございます』と言われたときなんか本当に嬉しいでしょ。うわー嬉しい、嬉しーい……このとき我々は、限りなく『神様の精神状態』に近づいていているんです」

私はこの社長の説明を聞いてなるほどと思いました。こうした歓喜きわまる心の状態というのは、結局自分の心がつくり出すものなんですね。

多くの場合、我々は目の前の出来事や周囲の状況から、なんらかの刺激を受けてそのような『神様の精神状態』っぽくなると思いますが、最初から自分の心のなかだけでつくり出すこともできます。そのためにはイメージが必要です。ありありとしたリアルなイメージ。

そのイメージをかたちづくる手段の一つとして、繰り返し口から発する言葉があるわけです。

言葉―想い―言葉―想い―言葉……だんだんと感情が高まり、『神様の精神状態』に近くなる。そしてその想いで言葉を発する。より確信ある言葉になりますね。行動にもその想いが入ります。いや〜これは、とってもパワフルなコンセプトだと思います。

ある若い女性からお便りをいただきました。

その女性はキムタクの大ファン。キムタクにどうしても会いたい。五日市さんの冊子を読んでイスラエルのおばあさんが言ったとおり実践しました。

「キムタクに会えました、感謝します！」と何度も言いました。でも会えません。どうしてでしょうか？　というご質問でした（笑）。

私は、

「言葉を口から発することは大事です。でも、そのときの想いがちょっとでも否定的でしゃべった言葉の域に達していなかったり、具体的な行動がなにもともなっていないようでは、ただ口から吐いているだけですよ。そんなときは、しっかりイメージして『神様の精神状態』を味わい、その気持ちで言葉にしてアクションを起こすといいですよ」

とその方にお伝えしました。

それから数か月後、また彼女からお便りが来ました。

「キムタクが出演する番組のエキストラに応募しつづけたら選ばれました。生のキムタクに会って握手できました。少しだけですがお話もできました。ありがとうございます、本当にありがとうございます」

なんだか、とても嬉しそうでしたよ。

PART2

感謝の心こそ「気」のエネルギー

――矢山利彦

「気」をマスターすればいいことが起こる

意識と言葉がからだを変える

私は九州大学の医学部で西洋医学を学び、外科医としてスタートしました。あるとき西洋医学だけでは病気を治せないことに気づき、東洋医学も学びはじめました。

漢方を勉強し、患者さんの治療に使ってみるとこれが効くのです。患者さんも喜んでくれる。嬉しくなってまた勉強すると、今度はさらに治療が難しい患者さんが来るようになる、また勉強するの繰り返しで、東洋医学の世界にのめりこんでいきました。

東洋医学をつくった基本原理は「気」です。そこで、私は「気」を徹底的に勉強し研究しました。

「気」を高める方法についてはあとで述べますが、この「気の治療」という観点から五日市さんが体験してきたことを分析すると、非常におもしろい結果が出てきます。

五日市さんが「確信ある想いと言葉で目の前の状況や環境が変わる」、さらに「自分のからだや健康にも大きな影響を及ぼす」ことをわかりやすくおっしゃってくれました。これも時代のニーズかなあと、意識や気の大切さを現場で痛感してきた者の感慨です。

感謝しているときほど「気」が出る

「気」の研究をしているとき、「感謝する」ということがとても大事だとわかってきました。

「気」が我々のからだからいちばんよく出る際の「言葉」や「イメージ」と

いうのは、実は感謝している状態のときなのです。感謝しているとき、または新しいものをクリエイトしているときが、「気」がもっとも高まります。

感謝の気持ちから「ありがとう」と言葉に出すとさらにパワーが出てきます。同じ「ありがとう」でも、軽い気持ちで「ありがとう」と言うのと、涙があふれんばかりの感情がわいてきて言う「ありがとう」では、「感謝力」のレベルがちがうということもわかってきました。

感謝力にそれぞれレベルがあることを認めれば、「感謝力」を高める方法論もわかってきます。たとえば、どうしても感謝する気持ちがわいてこないときでも練習（エクサイズ）すれば、「感謝の気持ち」が自然とわいてくるようになるのです。

感謝の心を養うエクササイズ

まず、我々には「あの人には世話になったなあ」という人が必ず何人かいますね。その人たちのことを思い浮かべてください。

たとえば人生のある時期を生き方の変化、生活環境の節目で分けてもかまいません。就職してから、地位が上がったり職場が変わったりした区切りのとき、大学時代、高校、中学、小学時代と区切るのも一つの方法です。

そして思い出したならば、その人たちに感謝することを紙に書き出して「ありがとうございます」と心から言ってみてください。この繰り返しで必ず感謝力がつくようになります。

つぎに感謝の気持ちも嫌悪感も持っていない、中間というかどちらでもない人がいますね。ただ普通に知り合った人を思い出してください。そして感謝してみるのです。

もしかしてよーく考えたら「あの人のあの行為や生活態度に影響を受けていたのかもしれない」と思われる、うーむ、そう、大学時代にクラブで競い合った人でもいいです。

たいして仲はよくないが、「あの人がいたおかげでレギュラーになれた」とか、自分もいくらかマシな人間になれたとかいろいろあると思うのです。このへんがちょっと厄介かもしれません。なにしろ、すごく感謝する恩人と、もっとも嫌いな人はすぐ思い出せるからです。

で、そのつぎがそのあまり感謝したくない人。「嫌だな」と思った人を思い出して、紙に書き出して感謝できるかどうかやってみます。感謝できるどころか、不快になる場合は感謝する必要はありません。そのままにしておきます。

感謝できる人や出来事に対して感謝することをつづけてみてください。これを感謝の瞑想《めいそう》と名づけました。

父への見方を変えた「感謝の瞑想」

まずみなさんにおすすめしたいのが男性は父親、女性は母親が自分にしてくれたことを、人生の時期別にさかのぼりながら思い出してみることです。

両親には、感謝することのほうが多いですが、嫌なこともあると思います。私の場合、父親が職業軍人だった人で口べた。人間関係に不器用で優しい言葉などはほとんど出さない人でした。そしてなにか怒るときでも言葉で叱責するのではなく、ただジロリとにらむ。

私はどうも親父が苦手でした。

しかし先ほど述べたエクササイズを一か月ずーっとやりつづけました。医師になってから、大学時代、浪人時代、高校時代、中学時代、小学時代と、ずっとさかのぼりながら思い出していると、いままで忘れていた父親がしてくれたことがつぎつぎに思い出されて、何度も涙が出てきました。イメージのなかの父親へ「ありがとうございました」の言葉が自然に口から出るようにもなりました。

そして、ちょうど一か月すぎぐらいに親父から電話がかかってきたのです。

「おい利彦（私の名前）、元気か？　しっかりやっとるか？」

エーッて思いましたよ。こんな優しい親父の声を聞いたの初めてですから。

それからというもの変な言い方ですが、父親が妙にかわいいというか……嫌だなという気持ちがスーッと消えていきました。

自分の経験からはっきり言えることは、「感謝の瞑想」をすれば必ずいいことが生まれてくるということです。

過去が肯定できると人との接し方も変わる

感謝の瞑想をやる前に、私は自分の子供を叱ったことがあります。そのとき、「あ、この怒り方は親父とソックリだな」と思ってゾーッとしました。自分の父親のプログラムはここまで入りこんでいるのです。いいものも悪いものも全部入っている。それがある日突然出てくる。

でも心配することはありません。「感謝の瞑想」を実践すればその嫌な部分は減っていきます。

私の父親は愛情表現こそへただったが深い愛情を持っていた。愛情表現は決して態度や言葉だけではないと思ったとき、父親を理解できたのです。そして、「親父もいろいろ苦労してきたんだなあ」ということもわかってくると不思議と自分の子供に対する叱り方もちがってくるし、父親のようなやり方で怒ることもなくなってきました。

男性は父親に対して、女性は母親に対して感情のしこりを持っていることが多いようです。それを感謝の瞑想で減らしていけます。また、両親に対して感謝の瞑想をおこなうともっといいです。なんらかの事情でまったく思い出のない人はいちばん近い関係の人でかまいません。

感謝の瞑想をつづけていると、嫌だった人が、それほど嫌でなくなっていることに、あるときフッと気がつくことでしょう。そして自分が失敗した過去の出来事に対しても「あれはあれでよかった」「それはそれでいい」と肯定できるようになってきたら心が軽くなっていきます。

「あれはあれでよかった」「それはそれでいい」は感謝がなかなかできない人や出来事に対して、肯定するための「魔法の言葉」として効きます。ぜひ、感謝の瞑想のなかで使って、それが日常の口ぐせになるまで自分のものにしてください。

過去を肯定し、さらに感謝できるようになってくると、他の人が悩みを打ちあけ、相談してくるようになるようです。そのとき、じっと耳を傾けて聴き、「それはそれでよかったのでは」と言ってあげられるといいと思います。

「感謝の瞑想」まとめ

❶ 人生を現在から幼稚園のころまで振り返りながら、感謝できる人や出来事に「ありがとうございました」を言いながら感謝する。

❷ 感謝するでも嫌いでもない人や出来事を思い出して、感謝できることがあったら感謝する。

❸ 嫌いな人、嫌な出来事に対して「あれはあれでよかった」「それはそれでいい」と肯定する。

❹ 両親に対して①②③をおこなう。

❺ 嫌いな人、嫌な出来事に対しても少しずつ感謝できるようになってくる。

感謝力テスト

感謝すると気のエネルギーが高まって筋力が強くなる

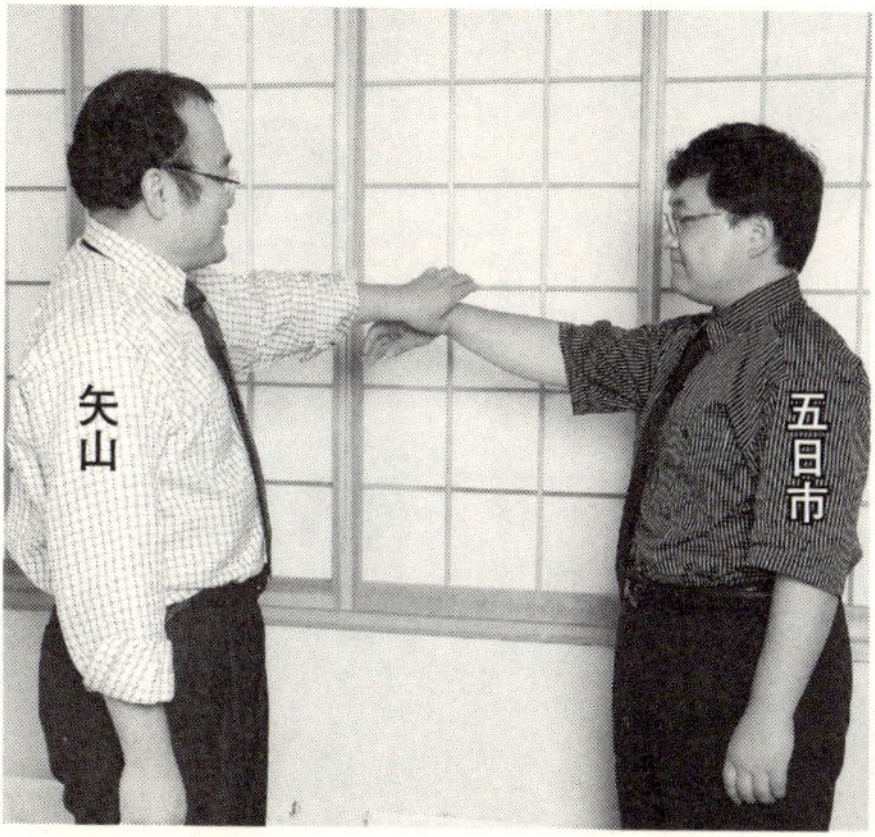

矢山　五日市さん、右腕を水平に保ってください。私が押し下げますから抵抗してください。

五日市　わかりました。こうですか。

矢山　いま、自分の力がどのくらい入るか覚えていてください。

矢山　今度は、すごく感謝している人か出来事を思い出して感謝してください。

五日市　ハイ、イメージしました。

矢山　押し下げると、すごく力が入って腕が下がりません。

五日市　うーん、本当だ。

矢山　今度は、マイナスのイメージとか、よくなかったことをイメージしてみてください。

五日市　ハイ、思いました。

矢　山　今度は、びっくりするくらい力が弱くなりましたね。

五日市　うーん。

矢山　最後に、感謝のイメージか、マイナスのイメージかどちらか私に言わずにイメージしてください。

五日市　ハイ、しっかりと思い描きました。

矢　山　力が弱くなりましたね。ということは、マイナスのイメージをしましたね。

五日市　ハイ、最悪のイメージをしました（笑）。

矢山　五日市さんは、まったく素直にイメージにからだが反応しますね。イメージ力が強いんだと思います。

五日市　そうですか。

矢山ドクターの気的診断

感謝することの大切さは「気」の流れを見ればわかります。「感謝」しているときとクリエイティブな時間をすごしているときは「気」が高まるのです。だから「ありがとう」と思っていると気がよく出ます。

私が講演のとき、たくさんの人にやってもらった実験があります。前のページで五日市さんに協力していただいた実験がそれです。「気」は目には見えませんが、からだには正直に現れて筋力の変化として調べることができる、ということがここで証明されました。

気が高まれば力が強くなり筋肉が柔らかくなる。エンドルフィン、ドーパミン、セロトニンが出て脳波が安定し血流がよくなる。

ただ例外として闘争本能をむき出しにした場合、からだが硬くなって腕の力が一見強くなることもあります。

いままで実験してきたなかでとてもおもしろい話を紹介しましょう。

「いい思い出」か「悪い思い出」どちらかを選んでくださいとお願いすると、およそ八五パーセントの人は「いい思い出」を選択します。五日市さんは例外でした（笑）。これは非常に論理的で実験精神旺盛な方だからだと思われます。

PART3

私がもっとも大事にしている
おばあさんのホントの教え——五日市 剛

運のいい人 悪い人はどこがちがう？

証明された「魔法の言葉」

矢山先生とは分野がちがいますが、私もドクター（工学博士）なわけです。私は私なりに得意な分野（材料科学、表面改質工学）を持っていますが、自分の専門分野でないところで先生と呼ばれるほどエラクはないのです。私は人格者でもなく、模範的な人生を歩んできた者でもありませんからね。ただ私はイスラエルのおばあさんに教えてもらったことを日々実践しているだけなんです。

つまり、「ありがとう」と「感謝します」という魔法の言葉をタイムリーに使い、マイナスな言葉をできるだけしゃべらず、感情まかせに怒らない。

こうしたおばあさんの教えが私の習慣となり、起こることとすべてに感謝できるようになって人生が大きく変わった気がします。本当に言葉の力ってすごいなー、と日々実感しています。

また、魔法の言葉は、それを実践している多くの方々の人生にもつぎつぎといい影響を与えているようなんです。

今回、意識と言葉の使いようで「感謝力」が高められ、そして、そのことは健康面やなんらかの機能・能力を向上させる駆動力にもなるということを矢山先生に教えていただきました。PART2で私が実験台になってやったことは再現性があり、まさに科学の領域と言ってもいいのではと思います。

「何回言うか」よりも「いつ言うか」を心がけよう

いま、書店に行くと、「ありがとう」の大切さを訴えた本がたくさん出ていますね。宗教や精神世界系の本にも「ありがとう」はよく見られます。なかには「ありがとう」を繰り返したくさん言うことが大切であると訴えた本があります。一日に数千回、数万回言いましょうという本もあります。私はそのこと自体にどれだけ意味があるのかわかりません。

ただ、イスラエルのおばあさんは、

「どんなときにありがとうと言ってもいいんだけど、嫌なことがあったときにはすぐに言いなさい。すぐに言わないと、魔法が効かなくなっちゃうの」

とおっしゃっていました。

そうか、「ありがとう」は、言うべきときにすぐに言わないといけないのかと思い、素直に実践してきました。そしてその言葉の即効性を実感しています。ですから、私は、「ありがとう」を数多く言わなくても、タイムリーに心をこめて言うことが大事と思っています。

ただ、いざというとき、すぐに「ありがとう」と言えるように、いつもたくさん言って訓練している人もいるかもしれませんね。

不幸の連鎖は断ち切れる

嫌なことがあったときに「ありがとう」と言うと、自分自身にどんな変化が起こるかお気づきですか？

おもしろいことに、それ以上ムカムカしたり落ち込んだりはしません。でも、いざというとき、すぐに「ありがとう」なんてなかなか言えないものです。

でも、「ありがとう」をタイムリーに言えると、自分のなかのスイッチが入るのでしょうか。不思議とそれ以上悪い気分にはなりませんし、おばあさんがおっしゃるように、不幸の連鎖を断ち切ることができるようです。そして、やがていいことが起こりはじめるから不思議です。

車を運転しているとき、他の車にぶつけてもぶつけられてもイヤ～な気分になるものです。でも、そのときすぐに「ありがとう」と言うと、どちらの立場であってもそれほど嫌な気分にならず、妙に落ち着いて相手と話し合うことができます。パニックになったり、相手に罵声を浴びせたり、なんてことは起こらないでしょう。

そして、自分にとって、ベストな方向に事態は流れていくのですから、本当にありがたいことです。

ただし、なにかあったらすぐに言うこと。おばあさんは、「一時間後に言っても、つぎの日に言っても意味がない。すぐに言いなさい」とおっしゃいました。

病院で医師に恐ろしい病名を告げられても、愛する人が亡くなっても、会社が倒産しても、信じていた人に裏切られても、すぐに「ありがとう」です。相手に言うのではありません。自分に言うのです。小声でもいいから、必ず声に出して言ってくださいね。

どん底にいる人ほど運がよくなる

一九九一年の一二月、私がハイファという港町でおばあさんに出会ったときは、私自身、まさに最悪の状況でした。自分の心を癒す旅にしようと思ってイスラエルに行ったのですが、空港に着くとすぐに財布をなくし、残りのお金も換金詐欺にあいました。つまり、着いた初日に所持金のほとんどを失ってしまったのです。

暖かい国と聞いていたので軽装で行きましたら、数十年に一度という大寒波。なんと大雪が降り、お金が十分ないので防寒着すら買えません。そんな状態でハイファに着きましたら、営業している安宿がいくら探しても見つからない。

「信じられない、おれはいったいどこまでツイてないんだ」

そう落ち込んでいたときに、町の大通りでそのおばあさんに声をかけられました。意外にも自宅に泊めてくれると言うのです。

おばあさんの家に着き、話を一方的に聞いていると、

「ツキを呼びこむ魔法の言葉があるのよ」

とおばあさんが言いました。

その言葉は「ありがとう」と「感謝します」。

そして、効果的な使い方も教えてくれました。おばあさんは決して非常識なこと、神秘的なことではなく、とても道徳的なことを私に言ったのです。

ただし、感謝の言葉の使い分けというのはちょっと意外でしたが。

おばあさんのひと言ひと言は、僕の脳裏に焼きつきました。なにもかも試練続きでうまくいかないときに、「とっておきの魔法の言葉がある」なんて言うからでしょう。

もし私がそのとき幸せな状態、もしくは普通の平々凡々な精神状態であれば、おばあさんの言葉は心には染みなかったかもしれません。そんな話を聞

いても、別れ際に「いやー、貴重なお話、ありがとうございました」なんて言って、二、三歩歩いただけでスコーンと忘れ去ったかもしれませんね。

ただ、そのときは精神的にどん底だったために、なんとか浮かび上がりたい、そんな気持ちでした。

「おばあさん、その話、本当ですよね？　おれの運は必ずよくなるんですよね？」

泊めていただいた翌日、その家の近くのお店に行き、マジックを買いました。そして、まずは自分の手の甲に「ありがとう」「感謝します」と書いて、見てはすぐに言えるよう努力しました。

でも、なかなかすぐには言葉が出てきません。ですから服の袖にも書きましたし、シャツにも書きました。やがてパンツや靴、かばんにまで書きました。それだけ気合が入っていたということです。

そんな私を路上で見てバカにする人もいましたが、なんたってそのときは死にもの狂いで魔法の言葉を自分のものにしようとしましたからね。こんな簡単な言葉を状況によってタイミングよく口に出すことが難しいなんて思ってもいませんでした。

その後日本に戻ってからも「ありがとう」「感謝します」と書いた紙を部屋のあちこち、車内のあちこちに貼りまくり、意識してはつぶやきつづけました。すると、やがて口ぐせのように、すぐにスーッと言えるようになったのです。

おばあさんに出会ったときが「どん底」だったこと。そして、「運がよくなるんだったら、やるぞおれは」という「強い決意」があったからこそ短期間で身についたのかもしれませんね。

魔法の言葉Q&A
――ベーシックなことだけをとりあげています

Q1
「ありがとう」と言う際のポイントを教えてください。

A
どんなときに言ってもかまいません。ただ、嫌なことがあったら「すぐに」言うことです。ピンチの際は是非お試しを。そして、できることなら、ニコッと笑ってください。相手に言うのではなく、自分に微笑んで、自分に「ありがとう」です。笑顔はプラスの言葉をより効果的にするようです。だから目の前に人がいてもいなくても、笑顔は大事なんです。

Q2
嫌なことがあったら「ありがとう」と言うと、どうなるのですか?

A
それ以上、悪い気分になりません。そして気持ちが落ち着いてきます。悪いことは重なるものですが、「ありがとう」で不幸の連鎖が断ち切れるだけでなく、やがてステキなことが起こりやすくなります。

Q3「感謝します」には、二つの使い方があるのですか？

A はい。一つは、なにか嬉しいこと、楽しいことがあったら「感謝します」と言ってください。そう言うことで、またそう言いたくなる出来事が起こりやすくなります。もう一つの使い方ですが、こうなりたいという夢や希望を思い描き、それを実現したこととして言い切って、「感謝します！」。文中での新潟空港での着陸の話がいい例だと思います。

Q4「感謝します」と言いにくいのですが。それにかわる言葉はありませんか？

A 「ありがとうございます」でもいいと思います。あまり特定の言葉にこだわる必要はありません。

Q5

イスラエルのおばあさんは、他にどんなことをアドバイスしてくれたのですか?

A

たとえば、つぎのようなことです。

①「人はね、言葉どおりの人生を歩むの。だから、きれいな言葉を使いなさい」

②「怒っちゃダメ。ただ、どうしても苦言を呈さなくてはいけないときは、ちょっと深呼吸して、別の言葉で優しく伝えなさい」

③「言葉は口から発せられると、その瞬間、命を持つの。そしてどんどん一人歩きをするのよ。目の前に人がいようがいまいが関係ないわ」

Q6

「感謝します」の二つ目の用法を、五日市さんは「想って、しゃべって、具体的な行動がともなえば、言ったことが現実となる可能性はグンと高まる」とわかりやすく表現していますね。これは、いいことだけでなく、悪いこともそうなってしまうのでしょうか？

A そうです。ですから、心のなかに「不安」や「心配」ごとがあり、それを口から発して不安とともに行動してしまうとなんらかの嫌なことは起ってしまいます。マイナス言葉は口から発せられると、あとあと厄介なことになりやすいです。その前にマイナスな想いをキャンセルしてください。

Q7 でも、マイナス言葉を無意識に吐いてしまい、オロオロ行動して現実に嫌なことが起こったら、どうしたらいいのでしょうか？

A すぐに「ありがとう」です。そして、その対処として「こうしたほうがいい」と客観的に思われることを「すぐやる」「必ずやる」「できるまでやる」んです。でもダメかなぁ〜と思っても、ダメもとでやるんです。魔法の言葉を唱えていると、きっとうまくいくと思いますよ。自信を持って！

矢山ドクターの気的診断

精神世界に関する情報があふれていて、なにを選択したらいいんですかと質問されることがよくあります。そんなとき、精神世界を語る人からその部分を取り払っても、その人が普通の社会人として成り立っている場合は安心できますよ、と言うことにしています。

たとえば五日市さんの場合は国際的なエンジニアであり、企業経営者という立派な職業を持っています。多くの会社の技術指導もされていますね。

五日市さんのメッセージには安心感があります。五日市さんはイスラエルでどん底の経験をし意識が変わりつつあった。恐らく変性意識状態のときだったからおばあさんの言葉がスパーンと入ったのではないかと思われます。

で、そのおばあさんの言葉がきっかけになってドラマが起きてくるのです。メッセージを発することは大事なのですが、メッセージを発する人の人格も大事なのです。たとえば誠実で安心感のある五日市さんという、温かみのある顔の人がこういうメッセージを言っている……と理解できると、その人の言っていることがすべてストレートに入ってくるのではないでしょうか。

自然界の法則は「ビル」のようなもの

「運のいい人と悪い人とのちがい」はなんだと思いますか？

これは深く追求すると、どんどん難しくなってしまい、結局答えが出たのか出なかったのかわからなくなってしまう難問かもしれません。ですから、私はつぎのように簡単に考えるようにしています。

「同じ波動は引き合う」とか「類は友を呼ぶ」という言葉があります。これは自然界の法則と言ってもいいかもしれません。ツイてない人はツイてない人と引き合い、ツイてる人はツイてる人同士で引き合いやすい。

これをビルのフロアにたとえると、わかりやすいです。

そのビル、実際にある建物ではないので、「波動ビル」とでも名づけましょうか。はは、なんだか怪しいですね。上の階に住む住人ほどツイてるとすると、たとえば一〇階の人は一〇階のフロアの人にしか会えませんし、頑張って一〇〇階に行くと一〇〇階のレベルの人たちに出会え、交流できます。

その高いフロアで経験できるすばらしい出来事がみなさんを待っています。ビジネスをしている人は、どんどんいい方向に人間関係も広がって、さらに高いフロアの住人を紹介されることもあります。かつて低いフロアにいたときに悩んでいたこと、苦しんでいたことは、もう起こらなくなるか、うまく解決しておのずから消え去ってしまいます。

となると、逆に低いフロアの人たちは大変です。

地下一〇〇階の住人はどこに逃げ回ってもその階から逃れることはできませんので、常にその階に住んでいる人や出来事に関わることになります。なんだか気の毒ですね。イスラエルのおばあさんに出会う前の私は、まさに地下一〇〇階か地下一〇〇〇階に住んでいたような気がします。

「再婚」や「転職」をした人も、その後も同じ低いフロアにいれば、結局うまくいかないか、「離婚」「転職」を何度も繰り返すことになります。そのような方々は、なんらかのきっかけで住むフロアをグンと高めなければなりません。

まあ、この概念は決して万能ではなく、フロアの厳密な定義はできませんが、すべてこの概念で説明できるわけではありません。でも、「ツイてる人」「ツイてない人」をイメージするにはわかりやすい考え方だと思います。

僕は「ライフステージ」という言葉を好んで使いますが、まさにそれぞれのフロアを意味します。住むフロアをアップさせ、ライフステージを向上させるような行動、生き方が望ましいわけです。

ツイてる、ツイてないとか、運がいい、運が悪いというのは、考え方、とらえ方によってはいろいろ変わり、瞬時に正反対になることもあります。

高いフロアに住んでいる（ライフステージの高い）人にも、ツイてないこと、見かけ上悪いことはもちろん起こります。ピンチは訪れるんです。でも、彼らに共通することは、「マイナス」と思われることを「プラス」に変えることがとてもうまい！　しかも上のフロアの人ほどうまいようです。

「幸せは不幸の姿で現れることがある」、だから「ピンチは不幸じゃない」と知っている人がツイてる人であり、高いフロアに住む人の特長なんですね。

ですから、人生をもっと楽しくするためにも、より高いフロアへ行きたいものです。

幸せになるコツは二つある

それでは、より高いフロアへ一歩一歩確実に上がっていくには、どうしたらいいと思いますか？

私はこれには、二つの方法があると思います。

一つ目は、「自分を愛し、敵を愛する」。

二つ目は、魔法の言葉「ありがとう」「感謝します」を習慣化する。

私が子供のころ、いまは亡き父が「幸せになるにはね、コツがあるんだよ」と常々言っていたのを思い出します。幸せになるにはコツがある。だから、この二つがまさしくその「コツ」のような気がしてなりません。

一つ目の「自分を愛する」というのは、当たり前のことのように思えますが、世のなかには自分を大事にしていない方が多いように思えます。金持ちになろうとがむしゃらに働いてからだを壊してしまい、そのお金を使って健康を取り戻そうとしている人がいますね。なんだか哀れです。

将来のことを心配するあまりに現在のことをすっかり忘れてしまい、今日のためにも明日のためにもちゃんと生きていない人が意外と多いのではないでしょうか。

私も仕事でよく徹夜をしたり、お付き合いで夜遅くまで食って飲んでの生活を繰り返し、自分のからだを酷使した時期がありました。いまはとにかく自分自身をいたわっています。ストレスの溜《た》まるサラリーマン生活もスパッとやめました(笑)。自分が稼いだお金も、自分が喜ぶような、そして心が豊かになるような使い方をどんどんしています。

とはいえ、私は決してものを豊富に買いそろえているわけではありません。裕福な人とは、多くのものを持っている人ではなく、わずかのものしか必要としない人のことを言うのだと思っています。目に見える豪華なものではなくても、本当に自分が心から欲するものにお金を使って心とからだを潤しています。

自分自身に優しい言葉をかけてあげることも忘れません。

たとえば、矢山先生がおっしゃるように、腰や肩、ひざやひじが痛いということは、それらが一生懸命働いてくれた証です。そうした痛い部分に手を当て、「ありがとう」「いままで本当にご苦労さん」「無理しちゃってごめんね」

と心をこめて声をかけます。すると、痛みが和らぎます。

「自分を愛する」とは、物質的にも意識的にも自分にもっと関心を持ち、いい言葉を使っていくことです。すると、自分のからだは間違いなくワーイワーイと喜ぶことになります。

「敵を愛する」と述べましたが、敵とは自分が嫌いな人、苦手な人のことを指します。矢山先生が提案された「感謝力」を高めるエクササイズで敵を味方にすることができるかもしれませんし、「気にならない程度の人」にまで持っていけば、とりあえず成功としたいですね。

それから、ここで「敵を愛する」ための大事なポイントをあげますと、なにがあっても絶対に「相手のせいにしない」ということです。

明らかに相手が失敗してもです。先ほど、「幸せは不幸の姿で現れることがある」と書きましたが、人のせいにしているかぎり、不幸は不幸の姿のままいつづけてしまいます。失敗は失敗のままなんです。相手のせいにした時点で、高いフロアにつながる道が寸断されてしまいます。
「成功はあなたのおかげ。失敗は自分のおかげ。どんなときもおかげさま」というユニークな言葉がありますが、失敗を人のせいにしないかぎり、必ず復活するチャンスがあります。そして、やがて失敗や試練は実は自分自身を高いフロアへ導いてくれるためのガイドだったんだということがわかるようになります。

このことが腹の底にズドーンと落ちると、人は、どんなときも問題を人のせいにせず、やがて敵を愛することができるようになります。

次に、二つ目の魔法の言葉の習慣化についてです。

「人生を変えようと思ったら、大きな努力は必要ない。必要なのは、小さな習慣である」という言葉が好きです。「ありがとう」「感謝します」を口ぐせのように言えて、小さな習慣にできる自分に早くなりたいですね。

この習慣はもっとも強力です。なかでも、特に大事なのが、「嫌なことがあったら、ありがとう」です。失敗や試練に「ありがとう」とすぐに言えたら、言葉に見あった具体的なアクションを起こしていきましょう。必ず、ピンチがチャンスとなります。

ここで一曲、「♪ピンチピンチ　チャンス　チャンス　ランランラン♪」。

運を急上昇させる高速エレベーターの乗り方

いま述べた二つの方法で一歩ずつ着実に波動ビルの階段を上り、ライフステージを高めることができます。

でも、どうしても嫌いな人を好きになれないとかで、「私の想いを変えることなんか絶対にできません！」とムキになっておっしゃる方がいますが、その方には、「想いは変えなくてもいいです。言葉を変えてください」と言っています。

ただし、その際にかなり効果的なコツがあります。なんだと思いますか？毎日、嫌な人と学校や会社で会わなくてはならないことがあります。そのような場合、その人を好きになる、ちょっとした秘策があります。まぁ好きにはならなくても、これさえできれば少なくとも気にならなくなるはずです。

三つのステップがありますので、参考にされてはいかがでしょうか。超おすすめです。

①まず、相手の目を見る（あまり見つめすぎないこと）

②ニコッと笑う（口の左右のあたりをちょっと上げる程度でいい）

③相手が喜ぶようなことをひとこと言ってあげる（言いすぎると、お世辞であることがバレる）

たったこれだけです。これをエレベーターで一緒になったときや階段や廊下ですれ違ったときにやるのです。

その際、必ず相手の目を見てくださいね。どんないいことでも、相手の目を見ないで言った言葉は相手に響きません。いくら苦手な相手でも、このくらいのことはできるでしょう。

そして、つぎの日、あるいは一週間後でもかまいません。繰り返してください。いつの間にかもっとも嫌いな人が、もっとも大事なパートナーに変わっていることだってあるんです。

すると、ライフステージがド〜ンと急上昇。二階から五階へ。五階から一〇階へ……ということになります。

プラスの言葉は大事ですが、相手にうまく伝わらないと意味がありません。そこで、①と②のステップを踏むのです。必ず踏んでくださいね。すると、③のひとことがかなり効果的に伝わります。

プラズマテレビが当たった女性の話を思い出してください（20ページ）。私はまず、彼女の目を見て、ニコッと笑って、そして「大丈夫」と言いました。しかもそのときは「握手」というスキンシップまでしています。

このような言葉以外の演出を効果的にすることで、彼女の頭のなかでは「大丈夫」という私の言葉が何度も何度もコダマし、想いが確信となったのではないかと思います。

それでは、高速エレベーターに乗って、イッキに波動ビルの高～いフロアへ行くことはできるのでしょうか？

私はできると思います。ただし、そのためには、大きな代償を払う必要があるかもしれません。人間の本質というのはそう簡単に変わるものではありません。

この本の「はじめに」で古市忠夫さんのお話を紹介しましたが、古市さんは一九九五年の阪神・淡路大震災で家財一切を住む街とともに失いました。

目の前で多くの人が亡くなっていくという極限状態を経験された古市さんは、「間違いなく、自分は生かされている。だから生きていることに感謝しなくてはならん」と思ったそうです。そしてまわりの人への感謝の心が芽生え、周囲の被災者救助と街の復興に奔走するなかで、古市さんは奇跡的に焼け残った自分のゴルフクラブを発見しました。ゴルフができることにも感謝。感謝せねばならん。古市さんは深い「感謝の心」を持つことによって、還暦を前にしてプロテストに合格されました。

それまで商店街のカメラ店のおじさんでしかなかったサンデーゴルファーが、練習もままならない状態でプロテストに合格するというのは、まさに奇跡。古市さんは、震災で極限状態を経験され、どんな状況でも怯《ひる》まない強い精神力が生まれました。そして、「ありがとう」の精神こそ夢の扉を開く鍵だと実感しました。

これ以外にも、臨死体験にいたるような大事故や大病、親・配偶者の死、会社の倒産など、大きなショックや逆境を乗り越えて得た「感謝の心」というのは、「真の勇気」につながりやすく、本来変えがたい人間の本質に大きな影響を与えます。

私自身もイスラエルのおばあさんに出会う前、なにもかもうまくいかず、「打つ手がない」状況のなかでこの上ない絶望感を味わいました。古市さんほど大きな代償ではないにしても、おばあさんに教えてもらった魔法の言葉をからだにしみこませるのにマジックであちこちに書きまくり、死にもの狂いで取り組んだ結果、自分のものにすることができました。このことは、多少なりとも私の本質を変える出来事だったのではないかと思っています。

人間は、大きな逆境やピンチを乗り越え、深い「感謝」の境涯に到達したとき、波動ビルの高速エレベーターに乗ることができ、高いフロアに短時間で行くことができるのではないかと考えています。そして、日々の生活でときとして直面する大きな困難に対しても、乗り越える際に助けになるのが

「ありがとう」という魔法の言葉です。

この言葉を大いに活用して困難を乗り越え、高速エレベーターに乗ってイッキに波動ビルを駆け上がりましょう。困難が大きければ大きいほど、乗り越えたあとに到達するフロアは高いかもしれません。

言い忘れていましたが、実は各フロアには、マンホールよりも少し大きめの穴がポコポコ開いていまして、油断しているとその穴から下のフロアにスコーンと落ちてしまいます。しばしば各フロアの穴は同じ位置に開いていることが多く、たとえば、一〇〇階からイッキに一階まで落ちる人もいるようです。

我々の人生というのは、こんな感じでライフステージが上がったり下がったりしているわけです。

せっかく高いフロアになんとか上がったのだから、本当であれば、二度と下がりたくないですよね。実は、穴に落ちない秘訣《ひけつ》があるんです。それはなにかと言うと、「ありがとう」「感謝します」という魔法の言葉です。

我々は気づかないうちに感情が薄れ、これらの言葉が口から出てこなくなるときがあります。そんなときがもっとも危険です。さらに、失敗を人のせいにしたら、もう完全にアウト。奈落の底にド～ンと落ちてしまいます。

ですから、どうか魔法の言葉を忘れないでください。ん？　ちょっと危ないかな？　と感じたら、まずはニコッと笑って、いちばん身近な人に「ありがとう」。家に帰ったら、家族にニコッと笑って感謝の言葉を伝えてください。そうすればきっと大丈夫ですよ。

幸せは不幸の姿で現れることがある

もう一度、ツイてる人とはどういう人なのか、私の経験から考えてみましょう。

私はイスラエルの通りでおばあさんに初めて会ったとき、かなり悲惨な状況でした。いくら探しても安宿が見つからない。お金が十分ないから一般のホテルには泊まれないし、一日一食のフラフラ状態。いつもの暖冬なら野宿できるのに、その年は数十年ぶりの大寒波。だから野宿はできない。

通りで出会ったおばあさんと話していると、「よかったらうちへどうぞ」。普通は知らない国で、知らない人の家にそう簡単には泊まりに行きません。でも、選択の余地がありませんでした。私はそのときガックリ肩を落として思ったものです。「あーあ、なんてこった」「ちくしょう、人生最悪！」「しょうがない。あのおばあさんの家に行くしかないよな」と。正直、そう思いました。

でも、いまはもちろんそのようには思っていません。

「あのとき、最善の条件がそろっていた」「だからおばあさんの家に行けて、ありがたいお話がうかがえて、おれ、人生やり直すことができたよ」と心から思っています。そうした気づきを得たとき、自分は本当にツイてたなと思いました。

やはり幸せというのは不幸の姿で現れることがあるんですね。本当につくづくそう思います。

めちゃくちゃツイてる人はピンチが楽しい

だれでも、「人生最悪！」と叫びたくなる体験を一度や二度しているものです。泥沼の離婚、タチの悪いリストラ、車で人をはねたとか。「もう、サイアクだ〜！」とそのときは思うでしょう。

でも、「ツイてる人」や「ツキはじめている人」というのは、時が経って振り返ると、つぎのようなことが腹の底に落ちて感謝で満たされます。

「あれがあったから、いまのおれがあるんだよな」
「あのことがあったから、いまの幸せがあるのよね」

それでは、「まったくツイてない人」というのはどういう人かと言いますと、最期の最期まで、つまり「死ぬまでそのことがわからない人」のことです。ツイてない人の究極でして、ライフステージがとんでもなく低いことは言うまでもありませんが、なんのご縁も生かせない、もっとも気の毒な方かもしれませんね。

逆に、「と〜んでもなくツイてる人」というのはどういう人かと言いますと、「最初からそのことを知っている人」です。だから、見かけ上、嫌なことがあっても弱音を吐かず、「ニヤッ」と笑って行動！「すぐやる、必ずやる、できるまでやる」という日本電産の永守重信社長の言葉が有名ですが、まさにそれができる人のことです。

我々は、そのとき「ありがとう」とすぐしゃべる言葉の武器を持っています。どんな嫌なことがあっても、すぐに「ありがとう」。そして、これをやったほうがいいという客観的な対処策が思いついたら、すぐやる、必ずやる、できるまでやる。いまさら遅いかなぁ〜、ダメかなぁ〜と思っても、「ダメもとでやる」。八割以上はうまくいくでしょう。

そしてうまくいったら、みなさんのライフステージはド〜ンと高いところまで上がっていく可能性大です。

矢山先生に、「あなた、とんでもない病気にかかっていますよ」と言われたら、すぐに「ありがとう」と言って病気に感謝してください（笑）。矢山先生に「ありがとう」ではありませんよ（笑）。自分のからだが病気を通して伝えてくれるメッセージに気づくことに感謝するわけです。そして、謝罪してください。

「ごめんね。いままで自分のからだをいじめてたね」

原因があるから結果（病気）があるので、その原因はなにかを医師と一緒に真剣に考え、こうしたほうがいいと思うことを即実行です。病気という結果だけにとらわれるのではなく、原因を改善していかなくてはなりませんね。

過度なストレスを常に感じるような仕事をやっているのであれば、部署を移動したり、あるいは私のようにサッサと辞めるとかね（笑）。それから、防腐剤たっぷりの食品やファーストフードばかり食べるのをやめ、食生活を大きく改善するとか。五日市の講演を聴きに行くとか（笑）。

とにかく、めちゃくちゃツイてる人というのは、どんなにピンチな状況に陥っても、すぐにプラスの言葉が言えて、笑顔も出せる。……苦笑いでしょうがね（笑）。それを乗り越えると、ド～ンと高いライフステージに上がれることがわかっているから笑えるんです。

なかには、変な人がいて、ピンチになることをマゾのように「エッヘヘヘ」と喜んでいる人がいます。あまり変な奴と思われないようにしてください。

「ピンチがチャンス」という言葉の本当の意味を知っていて、実践できている方々が「めちゃくちゃツイてる人」なわけです。

言葉はかってに一人歩きする

「想って、しゃべって、具体的な行動がともなえば、言ったことが現実となる可能性はグンと高まる」と言いましたね。これは、いいことだけでなく、悪いこともそうなってしまいます。

心のなかに「不安」や「心配」ごとがあり、それを口から発して不安とともに行動してしまうと、なんらかの嫌なことは現実に起こってしまいます。

マイナス言葉は口から発せられると大変厄介なことになりますので、可能なかぎり、その元凶であるマイナスな想いをキャンセルしてください。

実は簡単にキャンセルする方法がありましてね。まず、右腕を上げて四五度傾けます。そして、右手首をくるっくるっと回して叫ぶんです。「キャンセル、キャンセル！」（笑）。これで心のなかにある嫌なことはキャンセルできます。

でも、口から出てしまったマイナス言葉をキャンセルすることはできませんからね。その言葉はかってに一人歩きしてしまうんです。想いはキャンセルできても、しゃべった言葉はキャンセルできません。だから自分の口から出る言葉にはいつもいつも要注意なんですよ。目の前に人がいなくてもです。

我々は人間ですから、感謝の気持ちが薄くなるときがあり、マイナス言葉を言わないつもりでも無意識に吐いてしまうことがあります。そして、不安とともに行動してしまい、実際に嫌なことが起こってしまったら、どうしますか？　嫌なことが起こったんだから、すぐに「ありがとう」ですよね。そして、その対処を「すぐやる」「必ずやる」「できるまでやる」。

でも、ダメかなぁ～と思ったとしても、「ダメもと」でやるんです。たいていうまくいきます。そしてうまくいったら、みなさんのライフステージはドーンと雲の上までアップする勢いとなるわけです（笑）。

これがツイてる人の「ピンチがチャンス」という考え方です。ですから、いざというとき、すぐに魔法の言葉を唱えてくださいね。きっとうまくいきますよ。

「行動」だけでは努力は実らない

なにをやるにも一生懸命、という人がいます。一生懸命なんだけど、間違っている……という人もいます（笑）。このような人は、どこの職場にも一人や二人いるものですが、ホントお気の毒ですよね。

たぶんこのような人は、なにかがズレているんです。なにがズレているのでしょうか？　恐らくその人自身のベクトルが変な方向を向いているんだと思います。

我々はなにか目標があってその方向に突き進む場合、「想って」「しゃべって」「具体的な行動を起こす」ことが必要となるのですが、なにをやってもうまくいかない人というのは、感謝の実践ができていなかったり、「行動」が先に働いてしまうことが多いようです。

もちろん、「行動」は大事です。とっても大事です。

会社において、営業マンがいすに座って思いにふけていても、そこでだれかとペチャクチャしゃべってばかりいてもダメです。外に出てお客さんと接する「行動」をしなければ、仕事はなかなか入ってきません。つまり、ビジネスにおいて「行動」は収入に直結するわけでして、その意味でもっとも大事と考えられるわけです。

だからと言って「行動」ばかりにとらわれると、「想い」と「言葉」がおろそかになってしまい、「行動」が実りあるものになりません。

なんらかの目標や願望がある場合、まずはそれをしっかり「想って」「口から発する」必要があります。そうすることで、その方向にベクトルが向きます。会社や組織体であれば、そのことはますます重要となります。

私は仕事柄、多くの会社とお付き合いがありますが、継続的に繁栄している会社にはしっかりとした企業理念があり、それが社員一人ひとりに浸透していることがわかっています。多くの場合、朝礼で社員がみなでそれを口に出して唱和しています。

会社（または部署）として目指すことを一人ひとりが肝に銘じ、その言葉を毎日口に出していると、社員のベクトルがその方向にそろってきます。たとえ個々の社員の能力は低くても（ベクトルの長さが短くても）、感謝の社風が培われていると、ベクトルはそろいやすくなります。全員が同じ方向にそろえば、とてつもなく大きな推進力となり、その方向に向かっての「具体的な行動」が早期に実りあるものになるはずです。

つまり、感謝をベースとした「想い」と「言葉」はベクトルの方向を定める大事なプロセスなんですね。みなのベクトルがそろえば、「すぐやる」「必ずやる」「できるまでやる」。でも、ベクトルが変な方向を向いていたり、不安定であったりすると、「できるまでやる」と言っても、なかなかできないわけです。

一生懸命なんだけど間違っている人というのは、「行動」だけにとらわれ、感謝が希薄で「想い」と「言葉」がおろそかになっているかもしれません。「想って」「しゃべって」「具体的な行動」。この三つの要素がバランスを保ち、お互いに強め合って想いが確信あるレベルに達すると、しゃべった言葉が現実となるプロセスに入るわけですね。

「想って」「しゃべって」いるのに願いが叶わない理由

頻繁に「想って」「しゃべって」いるのに、なかなか言ったとおりにならない人がいます。それは、感謝が足りないか、「行動」を途中でやめてしまうからです。残念ながら、「行動」を途中でやめると、言ったとおりになりにくいのです。「言葉」の域に「想い」が引き上げられて、具体的な行動がともなったら、比較的早期に言ったことが実現するものです。

ここでのポイントは、「想い」と「言葉」の一致。そして「すぐやる」「必ずやる」「できるまでやる」です。「想い」と「言葉」が一致すると、ベクトルが完全に正しい方向を向きます。すると、行動はもっとも実りあるものになりやすくなります。

それを加速させるものが感謝。その感謝の想いは口から発する言葉によって深まります。その意味においても、魔法の言葉はとても有益なツールとなるわけです。

PART4

必要なのは「理論的な納得」「感覚的な体得」「繰り返しの訓練」です——矢山利彦

「魔法の言葉」を検証する

「魔法の言葉」を脳と心で理解しよう

人がなにかのノウハウを自分の能力として自由に使えるようになるには、理論的な納得と感覚的な体得と、繰り返しの訓練が必要です。「魔法の言葉」がすばらしい効果を生み出すと聞いても、そんなことはなかなか信じられない、どういうメカニズムでそんな効果が生じるのかという疑問がきっとわいてくることでしょう。

まず感覚的に「魔法の言葉」がからだに影響を及ぼすことはPART2で五日市さんとおこなった筋力テスト（キネシオロジー）を試みれば、再現性のある現象としてほとんどの人が納得できると思います。

この筋力テストを精密におこなうことで、からだの異常部位の発見や、薬、

気が人体に与える影響

	筋肉	筋力	呼吸	血流	痛み	脳波
気 ⇧	柔	増強	楽	⇧	⇩	$\alpha - \theta$
気 ⇩	硬	減弱	詰まる	⇩	⇧	β

気が高まったときは筋肉が柔らかく、筋力が強くなる。
気が減弱したときは筋肉は硬くなり、筋力も弱くなる。

食事の適・不適がかなりの確かさで推定できることは、代替療法に興味のある方はよくご存じだと思います。詳しく知りたい方は「キネシオロジー」で調べてください。

気の研究をつづけてきて、気そのものは電気をテスターで計るようにとらえることはできないけれども、人体に与える影響は明らかになってきました。

上の表に示すように、気というまだ計測できない生体の持つエネルギーはからだに現れる現象と密接につながっています。このような観点から考えると、「魔法の言葉」やプラスのイメージは、気のエネルギーを強くし、筋力を強くする効果を生じさせていると言えそうです。逆にマイナスのイメージやネガティブな言葉は大切な気のエネルギーを弱らせるとも言えます。

このことは病気を治していこうとするとき大きな意味を持っています。

性格の暗い患者、ネガティブな言葉が多い患者、家族や友人などのサポートが少ない患者は同じ程度の病気でも快復が順調でないことは経験を積んだ臨床医ならほとんどの方が肯定するでしょう。ただこれは血液データや画像診断のみを判断材料としている忙しい日常臨床のなかではなかなか浮かび上がってこないのも事実です。

近年になり脳科学が進んでこのような現象を説明することが可能になってきました。知覚情報は情報を調整する大脳辺縁系への入り口にあたる扁桃体《へんとうたい》へ伝えられ、扁桃体は記憶情報を使いながら各刺激に対してどのように感情的に反応すべきか決めます。

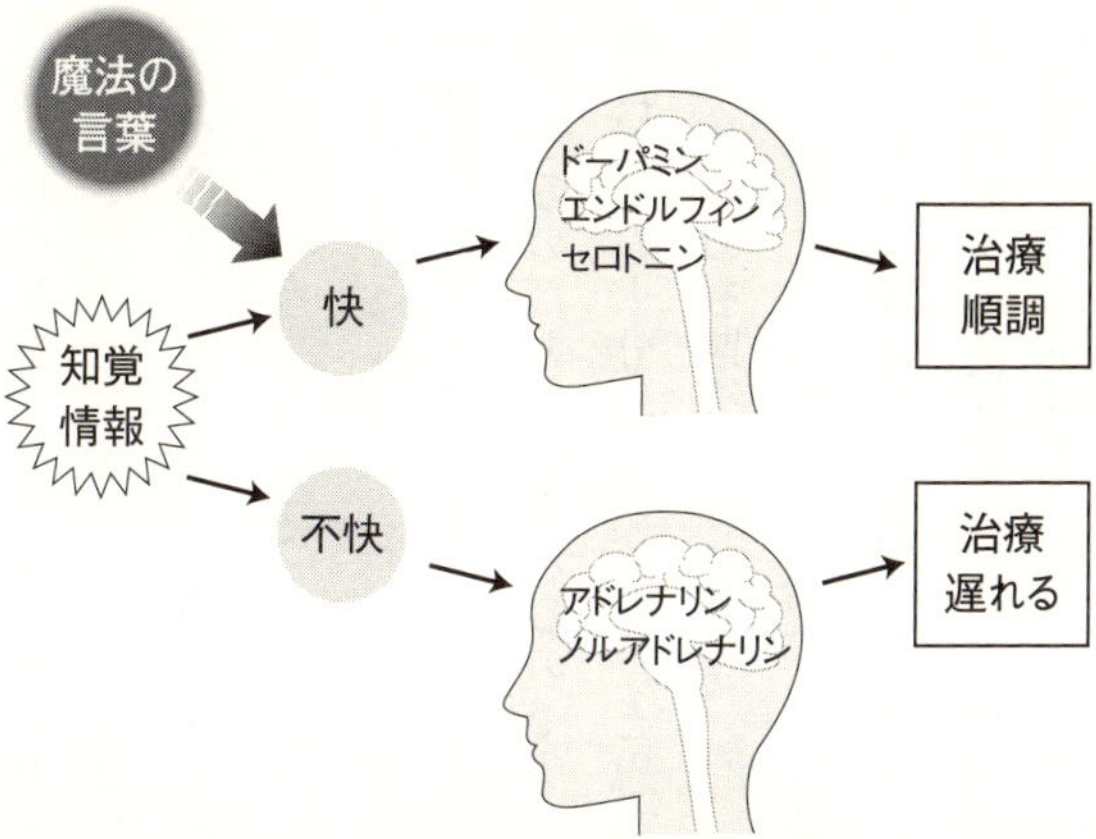

このとき「不快」と扁桃体が判断すると、すぐそばにある自律神経の中枢の視床下部に刺激が伝わり、心拍数が上昇したり、血管が収縮したり、血糖値が上昇するといった交感神経緊張の反応が生じます。

そしてこれをつかさどるのがアドレナリンやノルアドレナリンという神経ホルモンです。逆に「快」と判断したときはドーパミン、エンドルフィン、セロトニンといった神経ホルモンが分泌されています。

アドレナリン、ノルアドレナリンと

いう不快の神経ホルモン過剰の状態は治癒のメカニズムが順調に働かないし、ドーパミン、エンドルフィン、セロトニンという快の神経ホルモンが十分に分泌されているときは治癒のメカニズムがよく働くことは十分に納得できることでしょう。

「魔法の言葉」は知覚情報を不快反応の流れから快反応の流れへと変える働きをするのだと考えられるのです。これはまだ仮説の段階ですが、現在の計測装置でも十分証明が可能だと思われますので、脳科学者が実験をおこなってくれるのを期待しましょう。

ここまでで「魔法の言葉」が自分自身の心とからだにプラスの効果をもたらすことは理論的に納得ができたことと思います。五日市さんのお話や体験者のお話を検討すると、「魔法の言葉」は自分の心身に効くレベルをはるかに超えて、人間関係、様々な身の回りの現象、事業、金運、さらには自然現象と思えるものにまで影響を与えているようです。

これを理論で説明し納得していただくには世界認識（コスモロジー）を変える必要が出てきます。私にその任は果たせそうにありませんが、興味のある方はニューサイエンスと言われる分野の本にあたられるとよいでしょう。

本は読まなくても「魔法の言葉」を使っているうちに、あなたの脳、そして心は、徐々に魔法が魔法でなくなることを受け入れることでしょう。

PART5

対談 五日市剛 VS. 矢山利彦

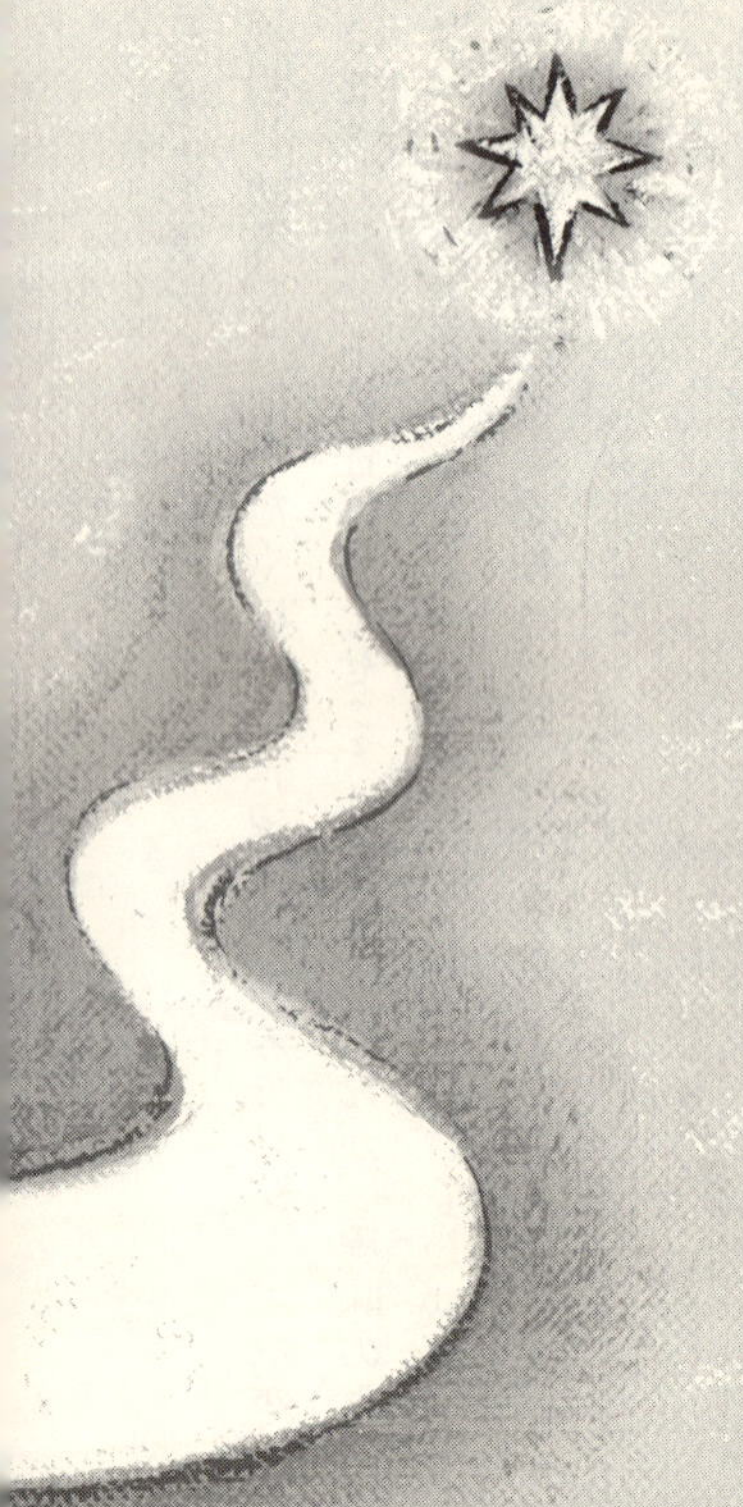

気功と医学で見えないことが見えてくる

病気の原因となる五つの要素

五日市　ホリスティック医療に携わっているお医者さんで、意識や言葉が健康に及ぼす影響について研究している方が増えてきていますね。でも、一般の医療関係者の関心はまだ低いように思えます。

矢山　再現性や測定の可能性が必須と言われている科学の作法では、人間の持っている意識が人間に与える影響を完全にとらえきれないのです。だから数字やデータを大前提にしている方たちは意識や言葉が人間を治すということをすぐには肯定しないと思います。

五日市　先生は一九九三年に『気の人間学』（ビジネス社刊）という本を書かれていますね。実は発行されてすぐに読ませていただきました。現役のお医者さんが見えない「気」の世界のことをあれだけ詳細に書いたのは初めてだと思うのですよ。

当然、病気にならないために「気」を研究されたと思うんですが、そもそも人間ってどうして病気になるのですか？

矢山　人間は本来、ずーっと死ぬまで元気でニコニコ暮らせて、ハイ、さよならと成仏できるようになっているのです。そういう人は世界にも日本にもいたるところにいる。

ところが、そうじゃないのはなぜか？　一一七ページのイラストを見れば一目瞭然ですが、少しご説明しましょう。

まず、第一に精神的ストレス。環境からくるいろいろな情報をストレスというふうに情報処理して、自分のなかにアドレナリンを発生させているのです。

また人間は環境汚染のなかでできた食物を食べるからいろいろよくないモノが入ってくる。

いちばん困るのが金属汚染。私は大学院で免疫学をやっていたからわかるのですが、真菌（カビ）、細菌、ビールスといったものと人間は長く付き合っているから何重にも防衛システムを持っている。万一それらが体内に入ってきてもはびこらないように防御システムが働いてくれる。

ところが金属は近代、人間が地中から掘り起こして酸素をはずして使うようになってから、体内にどんどん入ってくるようになった。この金属汚染が非常に大きな問題なのに、医学ではほとんど無視されている。

近海の魚には水銀が入っているのが常識になりました。また、浄水場でアルミの沈殿剤を使うため、ほとんどの飲み水にはアルミが入っています。

5つの病因による新しい疾患モデル

生体は本来健康に生きれるようにできている。

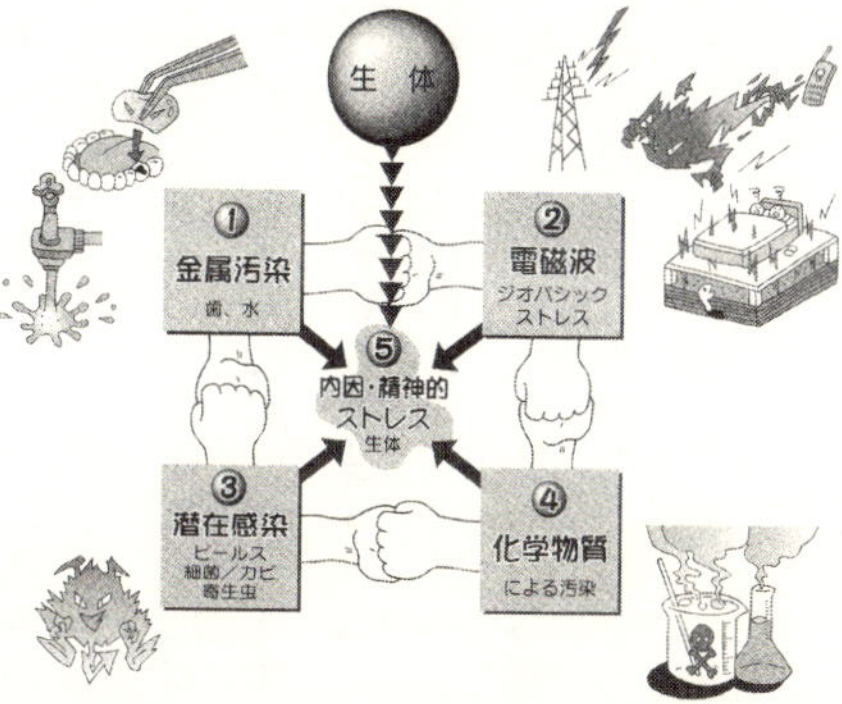

現在の臨床医学では、感染は問題にしていますが、金属汚染、電磁波、化学物質の害についてはほとんど考慮していません。それは通常の血液検査やX線での画像診断では、これらの害について調べることができないからなのです。

　これに対して、ゼロ・サーチ（特許第5132422号）というまったく新しい推定装置を使って波動的（バイオレゾナンス）に病因を推定し、害のない方法で原因を除去すると、生体の回復力が働きだし、病名を問わず病気が治っていきます。そして、ストレスを減らせるよう気功などをおこなうと、さらに健康度が上がっていきます。

古い水道管は鉛でできていますから、その飲み水には鉛も入っています。水や食べ物からも無視できない量の金属が入ってきているのです。さらに歯科で使う金属の詰め物も少しずつ体内に侵入しています。

口のなかに入っている金属は唾液につかっているため、一種の電池となって電気を発生し徐々に溶けています。で、溶けた金属が組織に沈着している部位はアンテナになりますから、電磁波を吸収する。これが電磁波障害と言われている状態の本質です。

この電磁波の強度は生命体の許容量を超えつつあるのではないでしょうか。電磁波が遺伝子に作用したらどうなると思いますか。間違いなく遺伝子が傷つきます。

五日市　ということは、たとえば歯を全部金属でできた入れ歯にして、毎日携帯電話を使いまくっていれば、すぐにからだに大きな負担をかけて、病気の原因になってしまいますね。

矢　山　臨床の現場ではそのことを痛感しています。将来、学問的にも証明される日がくるでしょう。

運のいい人には運がよくなる理由がある

五日市　PART3で「波動ビル」の話をしたのですが、私はどうも、類が友を呼ぶような気がしてなりません。

矢　山　運気あるいは運と言いますが、気功をやっていてよかったのは自分がうまくいってないときは気の流れが悪いことが自覚できるようになったことです。胸がふさがってうまく流れないのです。これは実感としてあります。

私は気の流れが悪くなるとエクササイズをやってゆがみを治すのです。ゆがんでは治し、ゆがんでは治すを繰り返しながら医療をやっています。

人間は頭のなかでは適当なことを考えていますが、からだはとても正直で、天地の理法にかなっているときは気がスーッと流れるのです。内なる気と外なる気がうまくつながって流れているときが、精神的にも肉体的にもいちばんいいのです。

五日市　楽しいときは気の流れがいいのですか？

矢山　そのとおりですし、気の流れがいいときは楽しいのです。人から見て苦しそうな状況でも自分には楽しいこともある。刹那的な楽しさもあれば、じんわり効いてくる楽しさもある。「楽しい」という言葉にしてしま

う と同じでも、気から見ると様々な楽しさがあります。私としては気の流れがよくなる楽しさを追求したいですね。

五日市　良心にそむくと気の流れが悪くなると言いますね。でも、人をだますことや傷つけることに対して、なんとも思ってない人は良心にそむいても気の流れは変わらない？

矢　山　良心が眠っているというか、働いてないために普通では考えられないようなウソや行為をまったく悪びれずにおこなえる人がときどきいますね。それをサイコパスと呼んでいるようです。

五日市　運やツキについてはどう考えます？　おれは今日ツイている、とかツイてねえやというツキです。

矢山 そのことで思うのは弘法大師空海です。空海が好きで密教の勉強をしているのですが、仏教では出来事は無記、つまり善悪は記されていないんだと。それぞれの出来事をどう受け止めるかによって善悪が決まる、とされているのです。

人間の意識がその情報を善と受け止めるか悪と受け止めるかということによって、ツキがあるかないかということが決まるのではないかと思うのです。自分の経験によりますと、クリニックを大きくして職員が五〇名に増えました。すると、なかには私のこれまでの人生のなかで経験したこともない言動をとる人も出てくるのです。

そういう人たちをみなと一緒にとりまとめてやっていくということで、大変勉強させられましたが、出来事を善と受け止める努力をつづけていくと事態がよくなっていくのです。ユングの言うようなシンクロニシティーとしての、いいことがどんどん起きてくる。

五日市　私は仕事柄、毎日多くの経営者と会っています。

会社の規模に関係なく、経営状態のいい会社、悪い会社があるわけですが、経営がうまくいっている会社の社長は自信に満ちており、弱音や泣き言を吐く人はほとんどいません。

私は物事がうまくいかなかったとき、「弱音を吐いて成功した者はいない」と自分自身に言い聞かせたことがあります。まさにその言葉どおり、成功ぐせのついている人というのはどんな嫌な状況でもプラスにとらえ、マイナス言葉を発しないという共通項があるのではないかと思います。

つまり、その方々は、「結局、すべてうまくいくようになっているんだ」ということが腹の底に落ちている。そして、過去にとんでもない失敗や悲惨な出来事を経験している人でも、「あれがあったから、いまの幸せがあるんだよな」とやがて思えるものです。

「どんな嫌な状況でもプラスにとらえる」というのは、簡単そうに思えて、実際はかなり難しい。でも、魔法の言葉を使うと簡単です。嫌なことがあったら、すぐに「ありがとう」と言う口ぐせをつけると、それ以上落ち込まずに頭のスイッチを切り替えることができます。

もう一つの魔法の言葉は、いいことがあったら「感謝します」。この二つの魔法の言葉と使い方をよく考えてみると、結局その奥底には「なんにでも感謝」という思想が見えてきます。魔法の言葉とは、「なんにでも感謝」するためのわかりやすい実践哲学のような気がします。

先生がおっしゃるように、世のなかにはいいことも悪いこともない。ただ、そのことが起こるだけ。我々はそれをよくも悪くもとらえられる。悪くとらえると、精神的に落ち込み、どうしても否定的な言葉を発するようになり、発する声にも自信が感じられなくなる。それが病気という現象であるならば、なかなかよくならないかもしれません。

逆によくとらえると、「よし、この病気からいろんなことを学べるぞ」と妙なワクワク感が出てくる。病気から学べるのであれば、「病気は財産」とすら思えてくる。そして、「人生で出くわす病気はすべてよりいい人生を歩むための指針になるぞ」と考えることができたら、しめたものですね。

人気者は周囲を元気にする

矢山　人間と人間が触れ合ってツキって構成されるわけじゃないですか。「嫌だ、痛い」などという言葉を言いつづけていると、脳内には緊張状態を示す脳波のβ波が出て、血液中にもアドレナリンやノルアドレナリンといった緊張すると分泌される神経伝達物質（ホルモン）が出る。
アドレナリンやノルアドレナリンは、過剰に分泌されると末梢《まっしょう》血管を収縮させて、血圧や血糖値の上昇に大きな影響を与えるんです。それにβ波が出ると脳がブドウ糖をものすごく食うんですよ。つまり、エネルギー効率が悪い。

五日市　アドレナリンの出ている人の周囲はみな緊張するんですか？

矢山　そうなんです。逆にセロトニン（平安な感情が生じているときのホルモン）やドーパミン（集中力のホルモン）の出ている人のまわりには人があつまるのです。

これは気功をやっていると非常によくわかります。

江戸時代に山岡鉄舟という剣の達人で、維新後、明治天皇の側近だった人がいるのです。彼のまわりには人がよくあつまった。彼のところに行くとみな元気になってしまうんです。嫌なことを全部忘れて元気になるから、みんな帰らないというのです。会って元気になる人は、そういうフィールドというかエネルギーを持っているんです。

アドレナリンやノルアドレナリンが出ている人には近づきたくないという気持ちが起きる。まわりの人はみなピリピリしていますよ。それを感じた人は自分の気の流れが阻害されるという状態が間違いなく起きます。

スムースな気の流れがいい人間関係をつくる

矢山　いい情報をたくさん持っている可能性のある人は、やはり相対的に脳の働きがスムースにいっているわけですから、エンドルフィンとかセロトニンがちゃんと出ている人なのです。

エンドルフィン、セロトニン、ドーパミン、ギャバ（安定のホルモン）を出して情報処理をしている人間同士が接触したときに気の波動が共鳴します。人間の脳は神経伝達物質という化学物質を出しているコンピューターですから、それのフィールドがあるのです。そのフィールドが近いと共振し、お互いプラスの情報を共有したり交換したりするわけです。

五日市　同じ波動は引き合うわけですね。類は友を呼び、互いに高め合う。

矢山　そうです。自分の認識を高めてくれるわけです。で、「幸せ」になったり、「お金」が儲《もう》かったりするわけです。また、チャンスがくるかもしれないし、すごい発明ができるかもしれない。

なるべくなら話したくないなあと思っている人からは、情報が入ってくる可能性は少ないですよ。私の考えからいけば「気の流れ」がスムースで、脳をいい状態に保っていればいいんです。

会っていて楽しい人というのはそういう状態になっている人です。そういう人たちはお互いどんどん刺激されていい方向に回転するようになっていくのです。

五日市　あの波動ビルで言えば、高いフロアに住む運のいい人、ツキのある人は同じような人を呼びこんでどんどんよくなり、逆に低いフロアに住む運の悪い人、ツキのない人は同じフロアで似た者同士が引き合うためにどんどん悪くなっていくんですね。

そうなると、自分がより高いフロアに行くことを常に考え行動していくことが、とても大事だと思います。そのためにも、すべてに感謝して気の流れをスムースにし、脳をいい状態に保つ習慣を身につける必要がありますね。

「想い」「言葉」「行動」の関係に空海も気づいていた

五日市　言葉の大切さについてお医者さんや学校の先生たちはもっと真剣に考えたほうがいいと申し上げました。特にお医者さんのひとことで患者さんは勇気づけられ、学校の先生のひとことがいじめにあっている生徒を救うことも。もちろん、その言葉の前に心があり、言葉とともに行動があるものですが、矢山先生は生きた言葉の使い方についてどのように考えていますか？

矢山　私には気の師匠がいないから、自分でなにか手本になる方法論はないかとずーっと探してきました。そのなかで弘法大師空海のおっしゃったことが根本的にためになりました。

それは三密加持ということなんです。これは、身・口・意、つまりからだと言葉と心を一点に集中したときに宇宙の力が人間に流れこむという意味なんです。五日市さんの言われる行動、言葉、想いと一致します。

五日市 三密加持というのは、たしか空海がもっとも強く説いた教えでしたね。

矢　山 私たちのすべての行為は、よく考えてみるとこの三つからできている。イメージして、それを言葉に出して、からだを動かす。それしかないじゃないですか。

ただ、空海のすごいところは、一般人の「身（身のおこない）」「口（口にする言葉）」「意（心の働き）」というものは汚れている。だから凡夫がただ三つの行為を一点に集中させても簡単にパワーは出ないと言うのです。

それをもっと高度な状態で、三つを一点に集中することを三密加持と言うのです。高度な三つの行為を一点に集中したら宇宙のエネルギーが入ってきて、すぐさま悟りという高度な意識の状態が現れる。それを三密加持すれば「即疾に（すぐさまに）現れる」と言うのです。

五日市　迷いにとらわれ、煩悩に汚れた身・口・意を浄化していくことが、空海の説く修行の目的だったと思います。そして、加（仏の慈悲）と持（人の信心）が働き、仏と人は相照らすと。

では、身・口・意、つまり「行動」「言葉」「想い」を高度化するにはどうしたらいいのですか？　空海さんはなんとおっしゃっているんですか。

矢　山　私の言葉で言うと「行動」「言葉」「想い」に気をこめるということです。適当にフニャラ、フニャラ行動していてもダメですよ。

で、この三つの行為に気を加える、つまり、言葉に気を加え、気のこもった行動をする、そしてその言葉にも行動にも本当の想いをこめる。そうすると自分と周囲が変わってくるわけです。
だから、五日市さんが言われていることは、密教のいちばんの核心なのです。

世界は物質と意識でつくられている

五日市 想いを実現させた例などを述べましたが、空海が説いていることとリンクしますね。

矢　山 新潟空港に無事飛行機が着いたお話など完璧に密教ですよ。弘法大師空海は九世紀初頭に真言宗を開きましたが、「まこと」の「ことば」の力を根本に置きました。まず、気のエネルギーのこもった言葉があって、それが心を動かし、からだを動かし、宇宙を動かすと言うのです。

五日市　おっ、言葉が先なんですね、やっぱり。

矢山　これまで、この世は物質でつくられているという考え方が支配的でしたが、意識でつくられているという考え方が近年出てきた。そして、その意識を言葉によって動かすことができることを人々が認めはじめた。空海は、はるか一二〇〇年前にそのことをわかっていて「真言宗」を創設したのですね。

五日市　宗教のことはよくわかりませんが、空海が説いた智慧《ちえ》は衆生の専門分野を深く掘り起こすツールになりそうですね。

矢山　たとえばがんという現象を物質次元のみで取り扱ったら、この現象は変えられないんですよ。現象の奥にあるエネルギーの存在まで考慮して、そこまで変えないとダメですね。

だからと言って現象面を扱うのは無意味だと言っているのではないんですよ。がんを物質的現象だと言ってそれを切る、放射線治療をおこなう、抗がん剤を投与するなどの三大療法をやっても、がんを治すことはできないと思うんです。

物質次元の奥にある意識を変えながら三大療法をやれば、がんも治すことができると最近考えはじめました。

代替治療の基本的コンセプトは、人間の意識を無視しないということなのです。アメリカでは「祈り」の研究が科学的におこなわれています。心臓疾患の患者をコンピューターで祈りを受けるグループと受けないグループに振り分けて医者にもわからないようにするのです。その結果、祈りを受けたグループのほうが確かに術後の感染症とかその他もろもろの経過がいいのです。

五日市 それはどう解釈されているのですか？

矢　山 やはり物質の奥に意識がつくり出す次元がありそうだな、と。もう絶対ないと言える人はいなくなってきているのです。だから「言葉」の持つ大切さも十分理解できるのではないですか。

私は病気を治すのに物質的手法では足りないと思っています。いままで取り組んできたクリニックのなかに気功はもちろんですが、これから心理療法やスピリチュアルケアもやろうと思って「心理チーム」をつくっています。

その他、絵手紙やアートなども取り入れていますが、またいずれかの機会にお話ししましょう。

※三密とは……一般の仏教では、「人間はみな、抜け出しがたい業を背負っている」ととらえ、その業＝罪を生み出す元とは、つぎの三つ＝三業であると説く。
①人間が身体でおこなった罪（行動の罪）
②人間が口でしゃべった罪（言葉の罪）
③人間が心で思った罪（意識の罪）
これに対し、真言密教では、この身・口・意の三業を「業」とはとらえず、「三密」と呼び、この身・口・意を使ってこそ、仏になれると説いている。

※加とは……仏のお力（ご加護）が修行する我々の心に映ること。

※持とは……修行者の心が仏のお力（ご加護）をよく感じること。

PART6

ぞくぞく寄せられる「幸せ」の便り——五日市 剛

「魔法の言葉」で人生が変わった人たち

朝晩の感謝が夫婦を円満にする

毎日、本当に多くのメールやお手紙をいただきます。

「ありがとう」「感謝します」を言うようになって、自分がどんどん変わってきたとか、ケンカしていた人と仲よくなったという内容がけっこう目にとまります。

また、離婚寸前であったのに、夫婦ともども「魔法の言葉」を知ったことでお互いに内緒で実践していたら、相手をより深く愛せるようになったとか。離婚した元夫婦が、「魔法の言葉」を通して相手への感謝と謝罪の念がわき起こり、その気持ちを言葉で伝え合ったら復縁することになったなど、人間関係や夫婦関係の改善にもお役に立っていることがお便りで伝わってきます。

ある離婚歴のある女性（Aさん）は再婚してからの経緯を手紙で語ってくれました。

相手の男性もバツイチ。再婚して三年近く経ちましたが、Aさんの子供二人がいまのご主人になつかず、前の夫のもとへ逃げて行ってしまい、Aさんは虚脱した毎日をすごしてきました。Aさんのお気持ち、とてもわかる気がします。

いまのご主人とそのお子さんと暮らしはじめてもしっくりいかず、疎外感ばかりで、Aさんはとうとううつ病になってしまいました。死にたいと考えてばかりの毎日。

ある日、睡眠薬を飲んで幻覚を起こして転んでしまい、右足を骨折してしまいました。なにをやっても踏んだり蹴ったり。後悔ばかり泣いてばかり。そしてとうとうご主人とも不仲になり、離婚届を書いたそうです。

何度書いても出せずにいましたが、とうとう役所に提出に行きました。でも、不思議なことに受理してもらえなかったそうです。

Aさんは以前から「魔法の言葉」を知っていましたが、半信半疑でした。でも、ものは試しと「ありがとう」「感謝します」を自分のベッドの上の天井に書き、朝に晩にと唱えていたら、ご主人は別人のように優しくなったそうです。そして、ご主人も「魔法の言葉」を唱えはじめるようになったと言います。

「夫がものすごく変わり、新婚当時わずかに幸せなときがありましたが、いまのほうが幸せです。いま、抱えている問題も解決するのは時間の問題でしょう。本当にありがとうございます」

とのことです。すばらしいお話ですね。

イスラエルのおばあさんは、「本当の愛し合う姿というのはね、感謝し合う姿なのよ」とおっしゃっていましたが、このご夫婦、お互いに見つめ合い、感謝し合える間柄になったのではないでしょうか。

まずは、もっとも身近な人に「ありがとう」を言っていきましょうね。

あきらめていた赤ちゃんができた!

「あきらめていた赤ちゃん、できました!」というお便りも多いですね。

たとえば、結婚して一〇年近く子供ができなかったご夫婦が、「赤ちゃんができました、感謝します!」と言い合ったそうです。目と目を見つめ合い、ニッコリ笑い、お互い触れ合ってスキンシップし、心をこめてそう言いつづけたそうです。

そうすることで、ますます夫婦円満になり、一年も経たないうちに赤ちゃんを授かったそうです。よかったですね。このようなケースにおいては、一人でするよりも、二人でしたほうがいいと思います。言葉に気持ちが入りやすいからです。

それから、ある会社の社長さんにはすでに結婚した四人のお子さんがいるのですが、どの家庭にも子供がまったくできない。その社長はなかなか孫ができないので、おはらいしてもらわにゃいかんかなと考えはじめたそうです。その後、「魔法の言葉」を知った社長は、「孫ができました、感謝します」と気持ちをこめて言いだしたら、間もなく、四人のお子さんたち全員に赤ちゃんができたそうなんです。孫が同時に四人も。ものすごくわざとらしい話ですが、本当の話です。

きたない言葉を封印したら胸が大きくなった

岐阜にお住まいの四七歳の女性についてです。

この方、以前は否定的な言葉や人を中傷するような言葉を多く発しており、必然的に、彼女のまわりには愚痴を言ったり陰口をたたいたりする人があつまってきたそうです。愚痴や陰口を聞かされて嫌な気分になり、それがストレスになって夜も眠れなくなるという悪循環に陥りました。

その彼女が「魔法の言葉」を知ってから、きたない言葉を封印し、「ありがとう」「感謝します」をどんどん唱えていきましたら、ストレスに感じる人と会う回数が減ってきました。さらに全身が若返った感覚を徐々に感じたそうです。

なんかもう嬉しくなってきて、「魔法の言葉」を言うのが本当に楽しくなってきました。すると、確かに垂れたバストがツンと上向きとなり、ふっくら。なんと、CカップからDカップになったそうです。

実はこの女性に先日岐阜でお会いしたのですが、う〜ん、やはり大きかったです。はい（笑）。いまでもDカップですか？　と尋ねましたら、「いいえ、いまではどうでもＥカップ」なんてワケのわからないことを言ってきまして、二人で盛り上がりました（笑）。

とっさの「ありがとう」でトラブルを防ぐ

大阪の女性からのお便りです。一部をご紹介します。

「実は昨日、営業で市内を運転していました。そしたら酒気を帯びた風体の怖そうな男が携帯でしゃべりながら車道を歩いていました。一方通行で、ずっと車はつづいていたので、スピードはまったく出ておりませんが、どうも私の車の左サイドミラーに手があたったようで、信号待ちで止まっていたら、ミラーをドンドンとたたいて文句を言ってきました。

そのとき一瞬、五日市さんのお顔が浮かび、思わず『ありがとう』と口から声が出ました。そして、きっとうまくいくと思いました。

路肩に車を停めてドアを開けたとたん、なんと自転車に乗ったおまわりさんが角を曲がってきました。あっ！　これだ！　と思い、すぐに声をかけ、仲裁をしていただきました。

五日市さんからうかがっていたお話のなかで、『ありがとう』『感謝します』はとても大切な言葉とは思っておりましたが、実体験として『ありがとう』が本当にとっさのアクシデントで口から出たことに、正直びっくりしました。

今後、何事も心の持ちようと発する言葉で好転するという確信が持てました。ありがとうございます」

ステキなお便りですね。「魔法の言葉」はときとして即効性を発揮します。お金は一銭もかかりません。いざというとき、是非お使いください。

「魔法の言葉」はピンチで助け、チャンスをもたらす

ある朝、私の携帯が鳴りました。知らない男性（Nさん）からです。声がかなり上ずっていました。

「は、初めてお電話差し上げます。あ、あの〜、私、車を運転しておりまして、そしたら、……お、おばあさんを……轢《ひ》いてしまいました」

「え〜っ！」

もう、びっくりしましてね。その方からお話を詳しく聞いてみました。

ある建設会社にお勤めのNさんは、突き当たりのT字路で右折しようとしました。すると、左方向から右折しようとした女性ドライバーがいて、「私よりも先に行ってください」というような合図を受けたので、Nさんはその人に右手を上げて「ありがとうね」というような感じで、右に曲がりました。

その瞬間、自転車に乗ったおばあさんに、ドンッ！とぶつかってしまい

ました。そのおばあさんは自転車に乗って道を横切ろうとしていたところでした。Nさんは道を譲ってくれた女性ドライバーに気を取られ、不覚にもおばあさんに気づかなかったのです。

おばあさんにぶつかった瞬間、Nさんは、

「あ、あ、ありがとう！」

と言えました。

慌てて車を停め、おばあさんのほうへ駆け寄ると、おばあさんは倒れてはおらず、「私、渡っていたのにィ〜」と言いながらも、なんと無傷でした。直接モロにぶつかった自転車も不思議と無傷。おばあさんは、そのまま自転車に乗って行ってしまいました。

ところが、Nさんの車にはしっかりと傷がついていました。そして、震える手を押さえながら、Nさんは私に電話をかけてきたのです（たまたま私の名刺を持っていたそうです）。

「それにしても、よくまあぶつかった直後に『ありがとう』と言えましたね？」

と聞きましたら、

「五日市さんがインタビューを受けたCDをそのとき車のなかで聴いておりまして、五日市さんの冊子も二日前に届き、すぐに三回ほど読みました」

とおっしゃいました。

Nさんは、私に、

「『ありがとう』は間違いなく魔法の言葉です。本当に魔法の言葉です。こんなにすばらしいお話を教えてくださり、本当に本当にありがとうございます」

と何度も何度も興奮しながら言いました。

Nさんにとって、「ありがとう」はとっても大事な言葉なんだという気づきを得るための貴重な体験だったのではないかと思っています。

Nさんはその日を起点に、お客さんから新築の契約を立てつづけに取れたそうです。

また、Nさんの奥さまはなんと同じ日にバイクに轢かれたそうですが、不思議と無傷！　まったく大丈夫とのこと。夫婦そろって「魔法の言葉」をかみしめているそうです。

このような体験談は毎日私のもとにEメールで、手紙で、電話でと多数伝わってきます。そこでいつも思うことは、言葉の即効性です。意外と早く効果が現れることがある。しかも「気」の入った言葉、想いがこめられた言葉であればあるほど、行動にも想いが入りやすく、より現実化しやすくなるようだと感じられるようになりました。

そして、いい言葉を使えばいい出来事が起こりやすくなり、悪い言葉を使えば、そうした言葉に見合う状況を経験しやすくなることが明らかになりました。

二〇世紀最大の奇跡の人と呼ばれたエドガー・ケイシーは、

「人は、しゃべった言葉と必ず出会う」

と言いました。

近い将来、自分がしゃべった言葉と出会うのであれば、常にいい言葉を使いたいものです。

イスラエルのおばあさんも、

「人はね、言葉どおりの人生を歩むの。だから、きれいな言葉を使いなさい」

とおっしゃいました。

まったくそのとおりだと思います。エドガー・ケイシーの言葉とも重なりますね。

ここでふと、子どものことを考えました。子どもは悪い言葉を使っていると、どうしても悪いことをしてしまう、わかりやすい存在です。

ところが、大人になると、事情がいろいろと複雑になり、表ではニコニコしてきれいな言葉を使っていても、裏では鬼のような顔でひどい言葉を使っている人を私は何人か知っています。その方々は残念ながらあまりいい人生を歩んでいるようには見えません。いつも本当に気の毒に思います。大人も子どもも言葉を使って生きている限り、本質は変わりません。口にする言葉の影響をもろに受けます。

「いまからでは遅すぎる」ということは絶対にありません。すぐにでもプラスの言葉を多用し、ときには「魔法の言葉」をタイムリーに使って言葉の即効性を楽しんでください。お住まいになっている波動ビルのフロアを着実に上げていくことができ、人生がより楽しくなってくるはずです。

おわりに

「つらい、苦しい、もう嫌だ」と人間がマイナスの言葉を言いつづけると、そのマイナスの言葉が持つ「不快」のイメージ情報が、大脳にある大脳辺縁系と基底核に刺激として伝わります。

反対に「ありがとう」「感謝します」といったプラスの言葉を使うと、大脳辺縁系と基底核にプラスの言葉特有の「快」のイメージ情報が伝わります。

その結果、脳内に緊張状態を解くセロトニンが増えて、また、快の神経ホルモンであるドーパミン、エンドルフィンも増えて、病気や痛みの原因となっていたストレス物質を取りのぞくことが可能になってくるのです。

——とここまでは外科医としてスタートし免疫学を学んだ医者として、ごく当たり前のことを述べてきました。しかし、五日市さんとの対談では、気功を研究したこと、そして弘法大師空海が説いた教えまでが浮かび上がってきました。

これは、現在の物質中心の考え方だと説明しきれない現象がたくさん出てきたこととつながっているように思います。

普通、「ありがとう」と言っただけで人生が好転するなどと、一昔前の人は考えませんでした。しかしもっと昔、一二〇〇年前の弘法大師空海はちゃんと言葉の力を知っていたのです。

近代になり科学万能主義になって、人間は大事なモノを置き忘れてしまったのかもしれません。

現在、五日市さんの発するメッセージは「魔法の言葉現象」として、私たちに言葉と心のあり方の大切さを思い出させるムーブメントとなりつつあります。

そのすがすがしい風を感じるような対談でした。ありがとうございました。

平成一九年

矢山利彦

文庫版おわりに――五日市 剛

二〇一二年九月二二日、プロ野球の読売巨人軍がセ・リーグ優勝を決め、その翌日のスポーツ報知の一面には、「奇跡呼んだ魔法の言葉〝ありがとう〟」「V率〇％からの独走」という大きな文字が躍っていました。そして、そこには「運命の一冊」という見出しで、原辰徳監督がこの奇跡の優勝をどのようにして手にしたのかを語るエピソードが掲載されていました。

その年の四月、巨人軍は開幕戦から打線が低調で最下位でした。連敗に次ぐ連敗でどうしても勝てず、監督は頭を抱えるばかりの日々。ちょうどそのころ、知人から紹介された冊子が『ツキを呼ぶ魔法の言葉』でした。

原監督は、心に留まった箇所に赤線を引いては読み返し、気づくと冊子は赤線だらけになっていたそうです。

「自分のために何かしてくれて、それに対して感謝するから、ありがとう。これは違う。ありがとうって、漢字で書くと〝有難う〟。難がある、と書く。難があっても今、こうしていられる。小難で済んだことに対してありがとう、なんだ。五連敗を二度したときも、誰もケガなく今年戦うメンバーが元気にグラウンドに立っていた。それこそ小難で済んでいた。まさに〝有難う〟だよ」（原監督）

その後、巨人軍は勝ち星を重ねていきましたが、この勢いをそぐ出来事が相次ぎました。

そのなかで、もっとも痛手となったのは原監督のスキャンダル。週刊誌に報道されたとき、原監督は悩み、疲れ、目が真っ赤になり、体重は数キロ落ちました。しかし、「ありがとう」の精神を忘れず、この局面と対峙《たいじ》したのだそうです。

「あれも試練。いろいろな人に迷惑をかけたし、助けてくださったけど、僕の気持ちも少し整理できたのもあったし、あの報道でもっと大きな難を免れたかもしれない。ありがとう、だね」(原監督)

夏に入ると巨人軍は首位に立ち、その後一度も首位を明け渡すことなく、圧倒的な強さでセ・リーグ優勝を決めることができたのです。

そして、クライマックスシリーズ、日本シリーズと駒を進め、みごと日本一に。さらには、アジアシリーズでも初優勝と、まさに原巨人にとっては忘れられない最高の年となりました。

その『ツキを呼ぶ魔法の言葉』を矢山先生とともに検証して、二〇〇七年に上梓《じょうし》したのが、本書『運命が変わる 未来を変える』です。

矢山先生には感謝の言葉がいかに大事か、そしてどんなメカニズムが働いてからだや周囲に影響が及ぶのかを教えていただき、この対談がきっかけで、

「ツキを呼ぶ魔法の言葉」の検証がさらに進んでいきました。

私は長年「中国星占学」という運勢学を研究しているのですが、最近ではこの観点からも物事をとらえるようにしています。これは生年月日を元にして人生の「気」の流れを知り、どのようにしたら生きやすいのかを知る学問です。

中国星占学によりますと、原監督の二〇一二年における運気はどん底でした。このような年にはつらいことが起こりやすく、過去の問題や不祥事も表に出やすいと言われています。

しかし原監督はこれらすべてを乗り越え、試練に感謝し、結果的に大きな栄誉を手にしました。

この学問は中国四〇〇〇年の歴史が育んだ叡智《えいち》であり、探究すればするほど、その深遠さに畏敬の念がわいてきます。自分にもたらされる禍《わざわい》や厄介な運勢もこれで知ることができます。

そして、それは変えられるのです。それどころか、マイナスをプラスに転じることもできます。その唯一の方法が「感謝」。

魔法の言葉はまさに感謝の実践そのものであり、もっとも簡単で即効性のある実践哲学です。だからこそ、原監督は、ご自身の「運命が変わり、未来を変える」ことができたのではないでしょうか。

ぜひみなさんも魔法の言葉を体験してみてください。ご自分が進化するツールとなることが実感できるはずです。

平成二五年

五日市 剛

文庫版おわりに——矢山利彦

この本を読んで、Y.H.C.矢山クリニックを受診される方にときどきお会いします。

そうした人のなかに、がんで入院されている六〇歳すぎの女性がいます。不思議なことに、この方にはイライラ、不安、恐れなどのマイナス感情が何度病室を訪れても見受けられません。むしろ、いつも静かに微笑んでいるのです。

「〇〇さん、あなたはいつもリラックスしていますね」と話を向けると、「私は、以前は水道の水の音で声を隠しながら何度も泣いていました。でも、先生の本で言葉の大切さを知ってから、使う言葉を変えたんです」と答えられました。

私は深い感動を覚えると同時に、心療内科を創設された池見酉次郎《ゆうじろう》先生に学生時代に講義していただいた、「実存的変容」という言葉を思い出しました。生き方、考え方、そして世界観までも変わることを「実存的変容」と呼ぶのですが、言葉が変わるとそれが起こってくることを、このとき明らかに実感したのです。

近年、このような例がときおり見られるようになってきました。その理由を考えてみると、自分自身が使う言葉を意識して変えてきたことが大きいと思います。

空手に没頭していた学生時代や、外科医としてなにがなんでもがんを切って治したいと思っていたころは、勝つか負けるか、正か邪か、正しいか間違いか、優か劣かというソフトウェアが頭のなかで常に動いていたように思います。

しかし言葉を変え、想いを変え、他の人に対する態度を徐々に変えていくうちに、周囲の環境がいつの間にかよい方向に変わってきたのです。

五日市さんとのコラボレーションで生まれたこの本は、私自身が読者の一人であり、その内容の恩恵を受け取った一人でもあったと、いま読み返してみてあらためて気づかされました。

外科医をやめ、統合医学によってがんや難病を治してきて、振り返ると学生時代に心からあこがれていた、池見酉次郎先生がつくられた心療内科の世界に自分も足を踏み入れたように思います。

最後に、この本を手に取られたあなたの健康に少しでも役に立つ情報として、常日頃、患者さんにお伝えしているアドバイスを記します。

病を癒す心得一〇か条

① 我が内に、治す力と、名医あり

②症状は、治す働き、ありがたい
③夜一〇時、快眠すれば、気力ます
④考えて、答えのないこと、考えない
⑤よく噛むは、病を癒す、神技なり
⑥この病気、身体の言い分、聴くチャンス
⑦気の力、高める言葉、「ありがとう」
⑧快脳と、快身心で、つくられる
⑨電磁波と、化学繊維は、気を乱す
⑩迷うとき、呼吸メジャーが、答え出す

平成二五年

矢山利彦

本書は、二〇〇七年にビジネス社より出版された『運命が変わる 未来を変える』の表記、表現などを一部改訂したものです。

サンマーク文庫

運命が変わる 未来を変える

2013年4月20日　初 版 発 行
2017年2月25日　第2刷発行

著者　五日市 剛／矢山利彦
発行人　植木宣隆
発行所　株式会社サンマーク出版
東京都新宿区高田馬場2-16-11
電話 03-5272-3166

フォーマットデザイン　重原 隆
本文DTP　J-ART
印刷・製本　株式会社暁印刷

落丁・乱丁本はお取り替えいたします。
定価はカバーに表示してあります。

ISBN978-4-7631-6029-4 C0130

ホームページ　http://www.sunmark.co.jp

サンマーク文庫

好評既刊

いつも不安なあなたへ
A・スマナサーラ

余計なものを捨て、心を落ち着かせれば、すべての悩みは消えていく。著者待望の書きおろし、決定版！

540円

いま・すぐ・ここで、幸せになる
A・スマナサーラ

心の自由を取り戻し、思うように生きるための方法とは？　スリランカ上座仏教の長老が贈る、ブッダの智慧。

640円

水は答えを知っている
江本　勝

水の結晶写真が教えてくれる、宇宙のしくみ、人の生き方。世界31か国で話題のロングセラー。

705円

水は答えを知っている②
江本　勝

結晶が奏でる癒しと祈りのメロディ。シリーズ国内40万部、全世界で180万部のロングベストセラーの続編。

743円

結晶物語
江本　勝

カラー氷結結晶写真が満載の話題の書。音、言葉、思い……水の結晶写真が映し出す物語とは？

700円

※価格はいずれも本体価格です。

サンマーク文庫

好評既刊

ゆるすということ

G・G・ジャンポルスキー
大内 博＝訳

他人をゆるすことは、自分をゆるすこと――。世界的に有名な精神医学者による、安らぎの書。

505円

ゆるしのレッスン

G・G・ジャンポルスキー
大内 博＝訳

大好評『ゆるすということ』実践編。人や自分を責める思いをすべて手ばなすこと――それが、ゆるしのレッスン。

505円

愛とは、怖れを手ばなすこと

G・G・ジャンポルスキー
本田 健＝訳

世界で400万部突破のベストセラーが、新訳で登場。ゆるしを知り、怖れを知れば人生は変わる。

543円

ゆだねるということ 上

D・チョプラ
住友 進＝訳

世界35か国、2000万人の支持を受けた、スピリチュアル・リーダーによる「願望をかなえる手法」とは？

505円

ゆだねるということ 下

D・チョプラ
住友 進＝訳

2000万人に支持された、「すべての願望をかなえる手法」の具体的なテクニックを明かす、実践編。

505円

※価格はいずれも本体価格です。